これから買う人の仮想通貨入門

なぜフュージョンコインは
注目されるのか?

次世代仮想通貨研究会◎著

LUFT
メディアコミュニケーション

はじめに

2013年頃ビットコインが注目されてから、いくつかの事件やフィーバーを経て、現在、仮想通貨の存在感はますます増してきていると言えます。国内外で、多くの新たな仮想通貨が生まれ、また当初は仮想通貨の存在やしくみに懐疑的であった国や金融機関も、本格的にその実力を認め、導入や規制を検討しようとしています。

スタート時から第2段階へと進んだ仮想通貨の世界、とはいえ、そのしくみがよくわからないから、まだ購入していない、という人も多いのではないでしょうか?

本書は、そんな人々のために、仮想通貨のしくみを知り、投資商品としての検討ができるよう、仮想通貨の代表格ともいえるビットコインとリップルを例に、その現状と課題、解決策をわかりやすく解説し、また、それら先発組の仮想通貨の問題点を解決する次世代の仮想通貨・フュージョンコインについて紹介した本です。

本書によって、より多くの方に、仮想通貨の魅力を知っていただければ幸いです。

「これから買う人の仮想通貨入門」目次

第2章 仮想通貨投資が儲かる本当の理由

第3章 ビットコイン&リップルの登場、その問題点

第4章
次世代の仮想通貨フュージョンコイン

第１章
なぜ、仮想通貨が注目されるのか？

お金が目減りしていく日本経済

かつて経済大国ともてはやされた日本ですが、今はもう、見る影もありません。

1990年代からはじまった「失われた10年」を経て、日本経済は2000年当初に一時的な景気回復をみせたものの、その後発生したリーマンショック以降はさらに落ち込み、現在に至っています。

この一時的な好景気についても、私たち一般生活者にその恩恵は還元されることはありませんでした。そのため、好景気になったという実感がある人は少なかったのではないでしょうか？

そういう生活不安も原因として、若い世代が結婚し、子供を産んで育てるというには困難な時代となっており、日本の出生率はさらに下がっています。そして遠くない

各国の経済成長率の比較

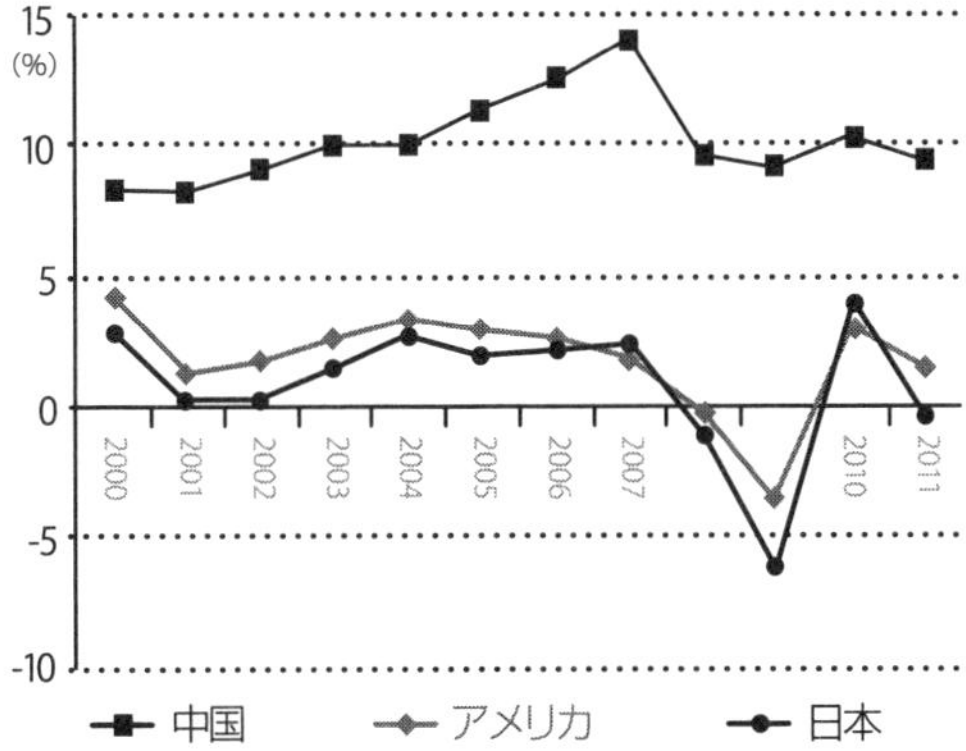

出典：IMF - World Economic Outlook Databases (2016年4月版)

為替レートの推移

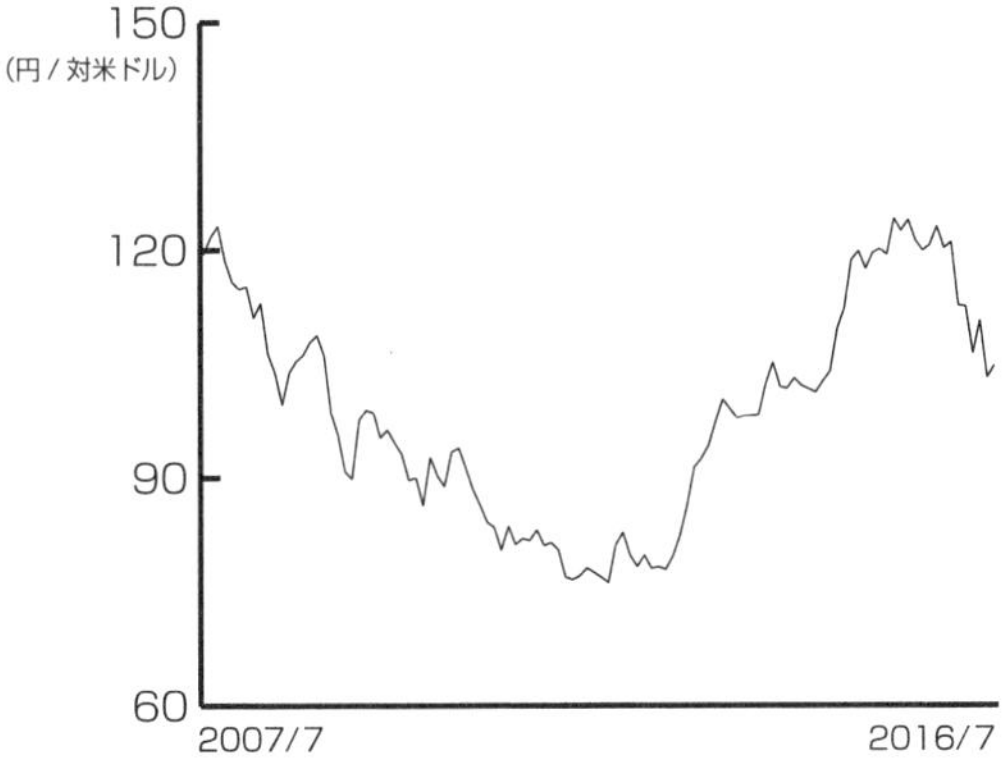

出典：OANDA ホームページ

将来に見えているのが、圧倒的な高齢化社会です。

アベノミクスを掲げた安倍晋三政権は、こうした問題を打開すべく、3本の矢と称する経済政策を打ち出しました。第1は大胆な金融政策（円高の是正を目指した量的緩和政策）、第2に機動的な財政政策（大規模な公共投資や、日本銀行の買いオペレーションを通じた建設国債の買い入れ）、第3に民間投資を喚起する成長戦略です。

結果はどうでしょうか？ 中長期的な結論はまだ遠い先のこととして、少なくとも現時点でその結果で評価するならば、失敗だったと、私たちは思っています。

2016年3月、アメリカの投資家、ジム・ロジャーズ氏は日本経済について、こう語っています。

「アベノミクスは間違ったことをしている。政府の債務はさらに増え、通貨安にもなっている。歴史的に通貨安によって経済を中長期的に回復させた国はない。日銀はマイナス金利を導入したが、機能しないだろう。この数週間で日本円を売った」

また、経済学者の野口幸雄教授も、こういっています。

安倍政権が目指しているのは、高度成長期の中心であった「製造業」の復活です。そのために法人税減税が必要といっているわけですが、私は現在の世界環境や技術条件のなかでは、製造業は復活しえないと考えています。そもそも、日本の製造業が衰退したのは、世界の経済構造が大きく変化したからで、その状況に日本が対応できていない。たとえば、世界で最も強い経済力をもつ米国をリードしている会社に「Google」と「アップル」があります。「Google」は広告業ですが、検索エンジンという技術をもつ。製造業とサービス業の中間です。「アップル」は製造業ですが、自前の工場をもたず、部品をつくっているのは世界各地のメーカー。こちらも製造業とサービス業の中間です。こういう新しい産業が米国経済をリードしているのであって、従来の製造業が復活しているわけではありません。安倍政権の成長戦略は、従来型の製造業を復活させ、戦後の高度成長を再現しようとしている。こういう「アナクロニズム」の考え方では、製造業の復活は不可能です。

http://www.nikkan-gendai.com/articles/view/news/157035/4

２０１２年、政府は量的金融緩和政策を実施しました。量的緩和政策とは、通貨の発行量を拡大させることで、市場の資金供給量を増やす政策です。資金の供給量が増えれば、それだけ円の量は増えるかわりに価値は下がります。そうして発生するのが「円安」です。

このように、同じ円を持っていても、政策によってその価値は変動してしまうのです。そして今後、長期的に円安が続いていく、と予測する向きもありますし、そう考えるのは妥当だと思います。経済成長に期待ができない現代の日本において、私たちが自らの資産を守り、増やしていくためには、国の政策をただぼんやりとながめているだけではなく、世界全体の中での「貨幣価値」というものをもう一度見つめ直した方が良いでしょう。本気で考えるべき時代が到来しているのです。

銀行にはもはや頼れない

日本では、貯金は銀行に預けるというのが長く一般的な考えでした。勤勉な日本人にはこれが常識、いいかえればある種のモラルであるかのように、頭の中に刷り込まれているようにも思えますが、現在の金融市場において、（盗難のリスクを除けば）、かならずしも銀行に預けておくということが正解とは言えません。日本人はまずその常識から解き放たれる必要があるのではないでしょうか？

「貯蓄」イコール「安心」という２０００年までの考え方は、もはや捨て去らねばならない時代が来ているのかもしれません。リーマンショックなどで大きな混乱を経験し、日本人にとって、今では銀行貯蓄に期待を抱いている人はいないのではないでしょうか？　個人の資産を守るために、資産運用の必要性は高まっていくばかりです。

利子がつかないことは今や常識です。さらに、国の景気政策で、私たちの懐が暖かくなっていきそうかといえば、まったくそんなことはありません。賃金上昇も現状、望み薄と考えたほうがいいでしょう。アベノミクスは長期的な回復トレンドをめざしますが、その先はまだまだ不透明で、リーマンショックのように世界的にどんな予期せぬアクシデントが起こるかは予知不能です。

また、仮に企業の業績が伸び続けたとしても、グローバル経済下での熾烈な競争に打ち勝つためには、人件費も国際的な市場に乗ることになります。世界中の社員が日本であるいは世界で一緒に働いていくという世界が生まれます。そんな中、日本という鎖国状態の島国だけで設定した賃金体系はもはや意味をなしません。むしろ、現状を維持し、上がるどころか、桁が一つ減る懸念さえあります。

高度経済成長期の日本のように、経済成長とともに国民全員の賃金が伸びていくという幸福な時代は訪れないとみていいでしょう。日本は、働いても働いても収入が増えない国になりつつあるのです。

このような状況で、国にはとても頼ることはできません。年金制度はすでに破綻し

人口ピラミッド（1950年・2050年）

１９５０年

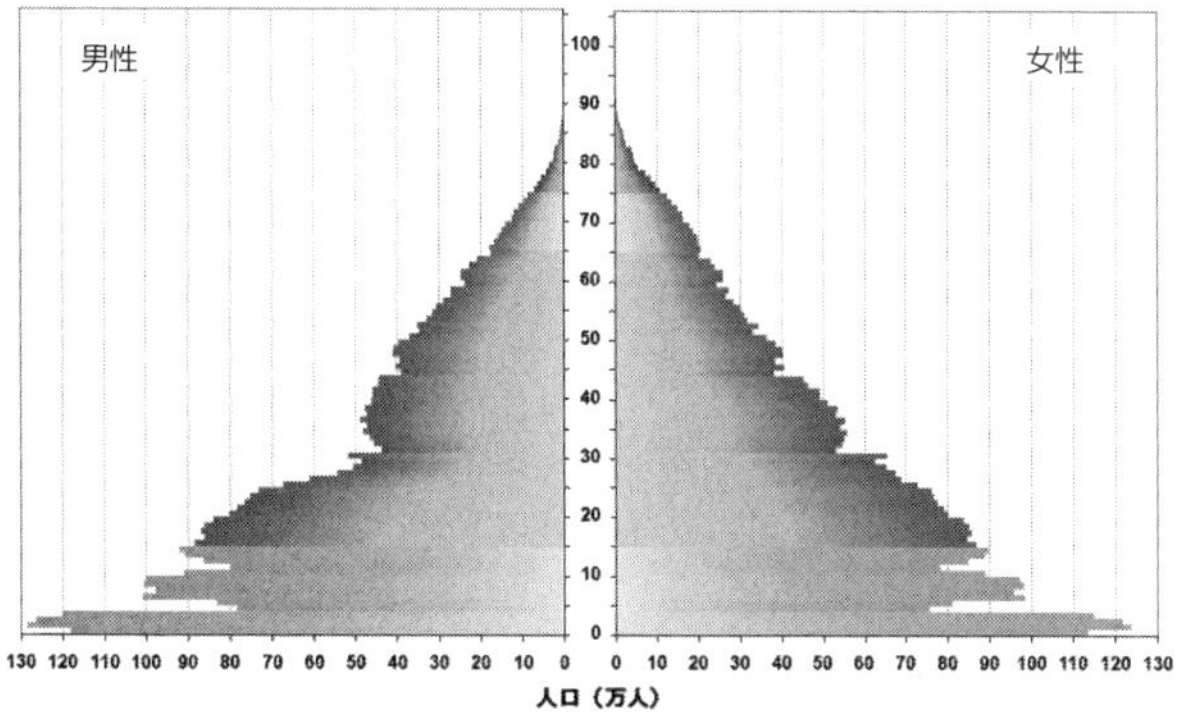

２０５０年

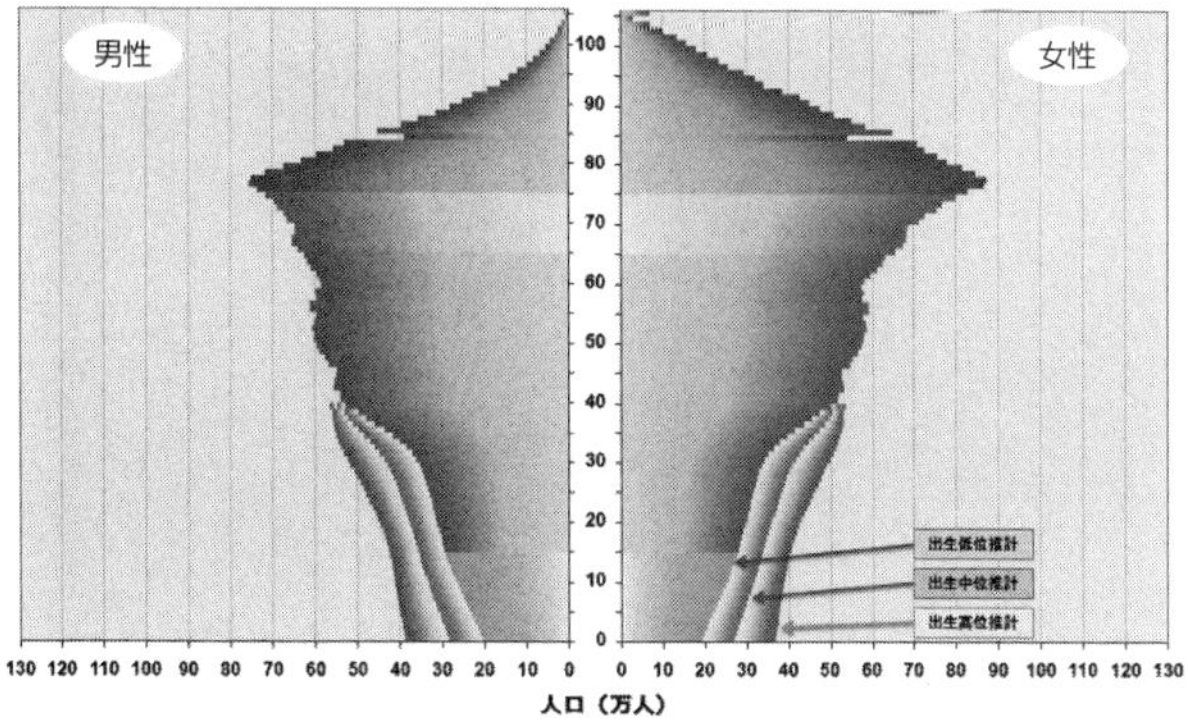

出典：「日本の将来推計人口（平成24年１月推計）」（国立社会保障・人口問題研究所）

ているという人もいます。少子高齢化によって現役世代が減り、高齢者の年金を支えることが難しくなってきています。

17ページの図を見てください。1950年にはこのような形状で分布していた年齢層は、2050年には、このようないびつな形になってしまいます。ドラッカーは、将来的なリスクやチャンスのうち、人口動態などは今から計算できる、必ず起こる事態として「すでに起こっている未来」という言葉を使っています。景気予想やトレンドの予測ではなく、現在の数字から、確実な未来の姿が導き出せる事象、そのひとつが人口動態です。

このような状況で、いまや「年金で優雅な生活」などと、老後を楽しみにことはできません。多くの日本人は自分自身で老後の資金を確保しなければならないということになります。だからこそ、資産運用が必要になるのです。

マイナス金利とは何か？

２０１６年1月、日銀は「マイナス金利」の導入を発表しました。そもそもマイナス金利とはどういうものなのか、ここで簡単に説明したいと思います。

マイナス金利とは、文字どおり、「利子がマイナスになる」ということです。銀行に預けておくと、利子がつくどころか、逆に利子を支払わなくてはならなくということですが、実際には、私たち個人と銀行との間ではこのようなことは起こりません。今回日銀が発表したのは、一般の銀行（金融機関）が、「銀行の銀行」である日本銀行に預けているお金の話です。

今後、銀行が新たに日本銀行に預ける預金については、マイナス金利が適用されます。各銀行は、日本銀行に預けておいてお金を取られるくらいなら、と、今まで以上に企業などへの貸し出しを推し進めるでしょう。こうして、市場に出回る通貨量を増やし、景気回復を狙おうというのが、マイナス金利の考え方です。

マイナス金利を導入することによって、一般的な企業は銀行からの資金調達がやりやすくなり、その結果、景気の上昇が期待されます。一方で、円の価値の下落を推し進めます。つまり円安です。

円を保有していても金利もつかないのであれば持っていても仕方がないと思う人が増え、売りが増加します。そうなれば円安は進みます。円安になることで、経済に好影響をもたらす面もありますが、一方で円の価値は目減りします。リスクを負いながらも、経済再生をなんとか達成しようという苦肉の策ではありますが、実際には国の思惑通りにはいきませんでした。

日銀の発表当初、円安へと動いたレートは、間も無く円高の向きに転じ、現在に至っています。政府の思惑は外れたわけです。普通ではありえないこの状況については、様々な原因が考えられていますが、少なくとも言えることは、マイナス金利が当面の景気回復に奏功しなかった、という事実です。

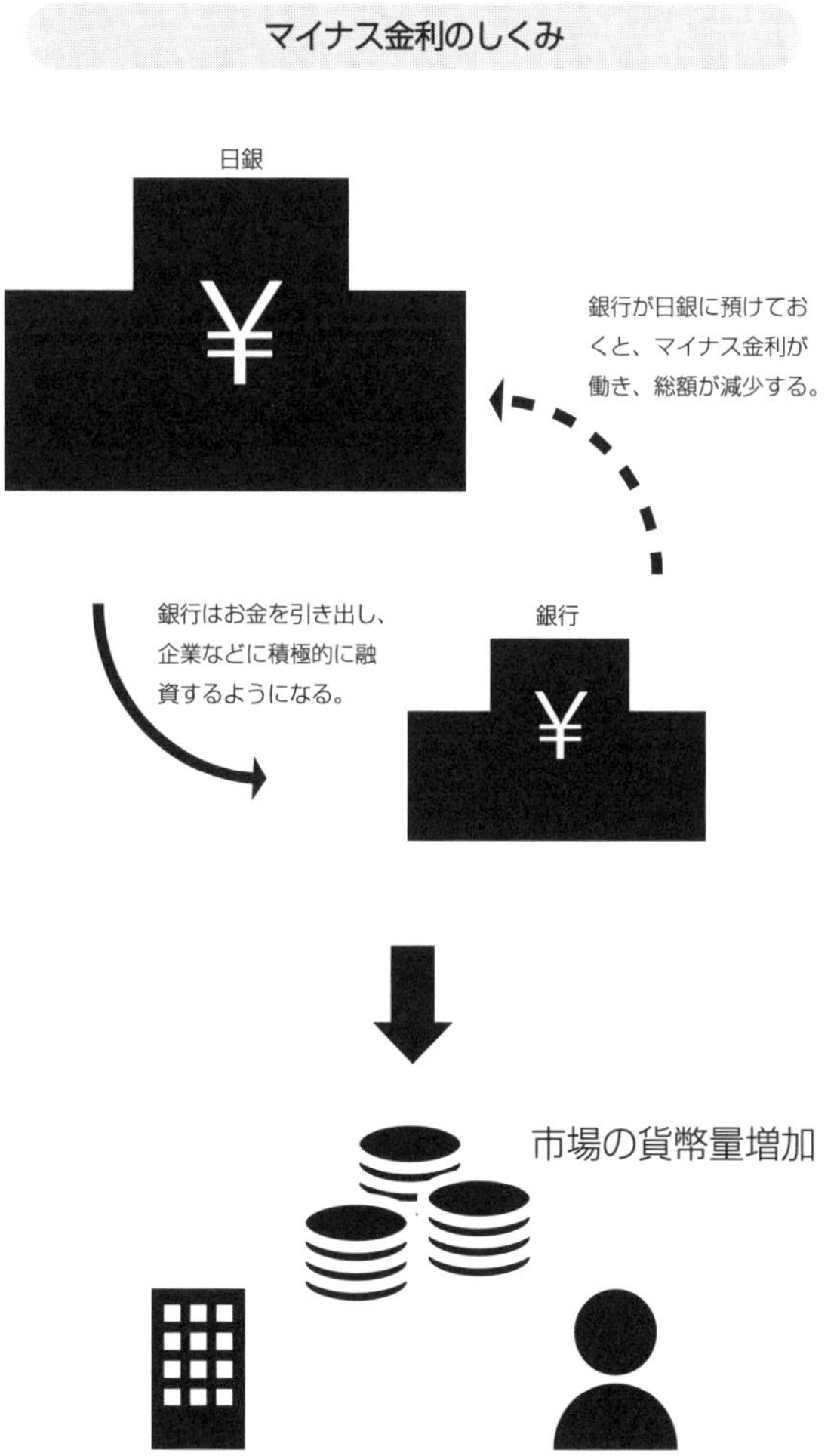
マイナス金利のしくみ
日銀
¥
銀行が日銀に預けておくと、マイナス金利が働き、総額が減少する。
銀行はお金を引き出し、企業などに積極的に融資するようになる。
銀行
¥
市場の貨幣量増加

古い「銀行」という箱の時代は終わった

長期的な不況が続くのを横目に、ITの発展により、金融のしくみにも大きな変革が訪れようとしています。

ビットコインからはじまる仮想通貨の登場から数年、2015年あたりから、フィンテックという言葉が聞かれるようになってきました。フィンテックとは、「金融」と「IT」の融合により、これまでになかった新しいビジネスの流れを生み出すというものです。シリコンバレーを発祥としてムーブメントが起こり、「革命」とも称されています。

米国の大手金融機関、米JPモルガン・チェース。ジェームズ・ダイモンC

ＥＯ（最高経営責任者）が２０１５年4月に送付した「株主への手紙」のある一節が、世界中の金融関係者を驚かせた。それはこんなくだりだ。「シリコンバレーがやってくる（Ｓｉｌｉｃｏｎ Ｖａｌｌｅｙ ｉｓ ｃｏｍｉｎｇ．）」――。

意味するところは、米国シリコンバレーから誕生したスタートアップ（新興企業）が既存の金融機関の脅威になり始めているという事実。巨大銀行のトップ自ら危機感を率直に認めた。

金融とテクノロジーをかけ算し、まったく新しいサービスを作りだそうと試みるムーブメントはＦｉｎＴｅｃｈ（フィンテック）と呼ばれる。震源地はＩＴ（情報技術）の総本山、シリコンバレー。過去にこの街が送り出した技術・サービスは半導体やソフトウエア産業はもちろん、広告・メディア業やサービス業などあらゆるジャンルで常識を破壊し、新しい価値を創造した。その波がいよいよ金融の世界にも押し寄せている。

ダイモンＣＥＯは、銀行サービスの「本丸」とも言える「融資」と「決済」の二つの領域が既に侵食されていると危機感をあらわにする。「優秀な人材とベンチャーキャピタルが投じる豊富な資金を背景に、何百社ものスタートアップ企業が日に日に銀行業への影響力を増している」(図1)。

『FinTech 革命～テクノロジーが溶かす金融の常識～』(日経BP Next ICT選書　日経BP社)

要は、シリコンバレーを代表とする世界のIT企業たちが、加速するITテクノロジーを生かし、主に金融・決済というサービスにおいて、これまで既存の銀行では成しえなかったサービスを次々と打ち出し、既存の金融機関の脅威となっている、ということです。

「シリコンバレーがやってくる」。2015年4月、米JPモルガン・チェースのジェームズ・ダイモンCEOは、既存の金融ビジネスがシリコンバレーに象徴される新たなテクノロジー企業に破壊されるという危機感を表明した。

元々、金融ビジネスとＩＴは切っても切れない関係にある。フィンテックという言葉が登場する前から金融は先進ＩＴテクノロジーを活用する代表的な産業だ。ただ、決済サービスを提供するPayPalや、ソーシャルレンディングを行うLendingClubが登場したことで、「既存の金融ビジネスを破壊するスタートアップ」が注目されるようになっている。

フィンテックを推進する新たなキーテクノロジーは５つ。スマートフォン、ライフログ、クラウド、ＡＩ（人工知能）、そしてブロックチェーンだ。これらを金融領域に適用することによって、金融ビジネスに革新的なサービスが登場してきている。

16年2月に発表されたマッキンゼーの調査によれば、フィンテック企業は全世界に２０００社以上存在。同調査では15年4月時点で８００社程度と推計されており、約１年で２・５倍に増加した計算になる。

フィンテック企業の提供するサービスも多岐にわたる。主に決済、送金、融資、資産運用、資産管理、セキュリティ、コンプライアンスなどの領域で、様々な革新的なスタートアップ企業がしのぎを削っている。分野別の企業数の正確な統計は存在しないが、前出のマッキンゼーの調査によれば、口座管理・開設が17％、貸付・ローンが19％、決済が40％、投資等が19％となっている。

こうした中でフィンテックへの投資も急激に増加している。CBインサイトのデータをもとにしたアクセンチュアの推計ではフィンテック領域へのベンチャー投資は、13年に40億ドルだったものが、14年にはグローバルで122億ドル、日本円で約1・5兆円に達したと推計されている。実に3倍の規模に増加した。日本でも急激に投資が伸びている分野である。

フィンテックに関して出遅れた感がある日本でも、昨年12月に金融庁が積極的に関与していく方針を打ち出した。また昨年後半以降、大手銀行を中心に日

フィンテックの概要

フィンテックとは・・・

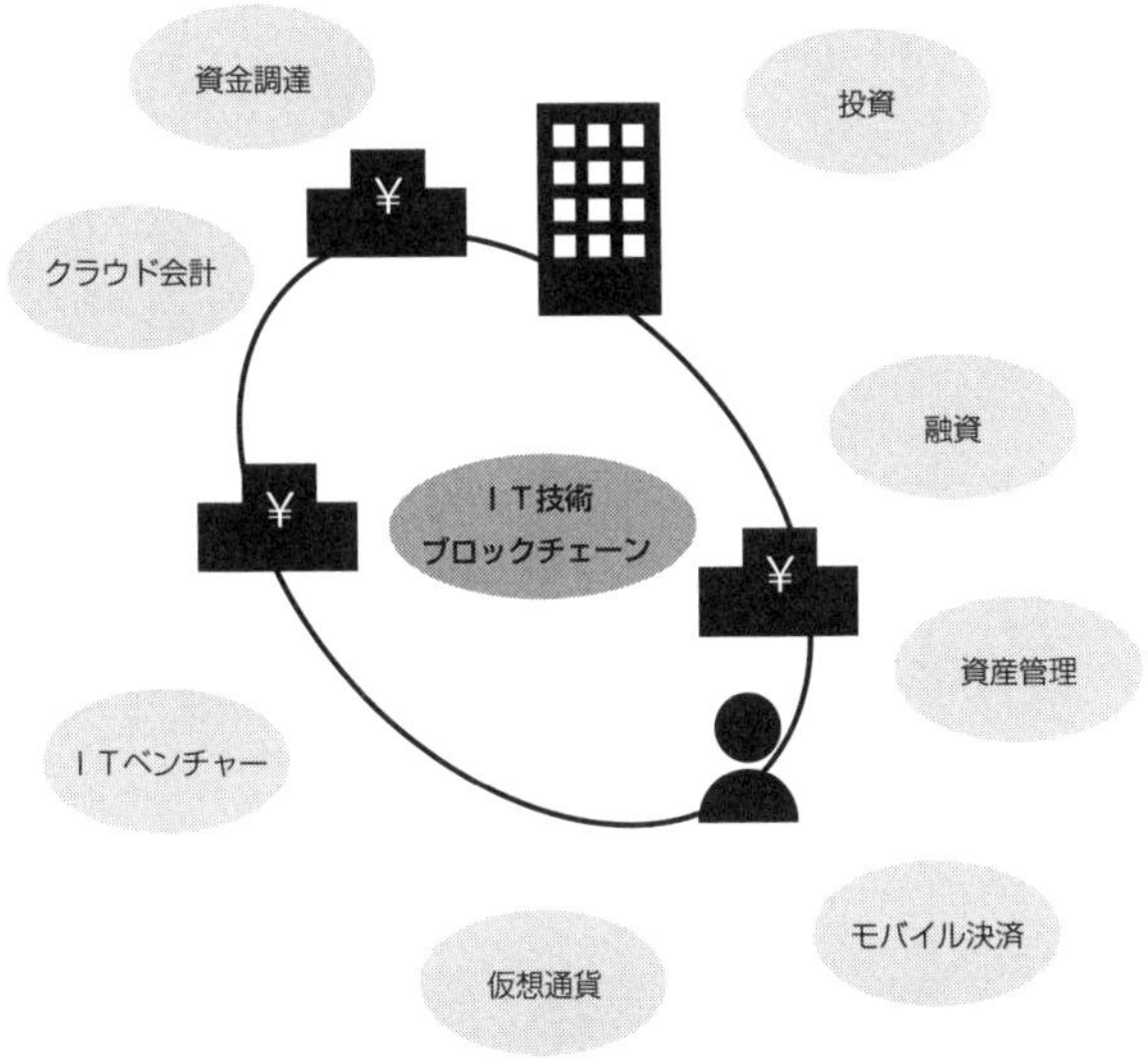

「金融」と「ＩＴ」の融合により、これまでになかった
新しいビジネスの流れを生み出すという考え方。

本のフィンテックベンチャーとの提携や出資も活発化している。
２０１６年4月14日　フォーブズ・ジャパン
http://forbesjapan.com/articles/detail/11838

人によっては、リアルに存在する銀行こそが「本物」であり、仮想通貨が利用する「バーチャル銀行」は亜流という感覚がいまだにあるかもしれません。ところが実際には、人間が手作業でやっていた旧態然とした銀行が隅に追いやられ、人工知能が何事も一瞬で解決してしまうという「ＩＴ」がそれにとってかわろうとしている厳然たる事実があるのです。

この流れの主役の一人として存在しているのが仮想通貨のしくみと言ってもいいと思います。

仮想通貨の法整備が進む

２０１６年3月、資金決済に関する法律（資金決済法）などを改正し仮想通貨に対する規制を行うことなどを内容とする法律案（「情報通信技術の進展等の環境変化に対応するための銀行法等の一部を改正する法律案」）が閣議決定され、国会に提出されました。

仮想通貨「ビットコイン」が世の中で注目を浴びて以来、これまで仮想通貨は「カネ」ではないと静観してきた政府ですが、このように国の課題として仮想通貨の問題を議論することになったきっかけは、２０１５年初頭に起こった「マウントゴックス事件」といってもいいかもしれません。マウントゴックス社は、ビットコインの最も代表的な交換所でした。

２０１５年2月、Mt.Gox（マウントゴックス）社は、東京地裁に民事再生手続開始の申立てをしましたが、４月に東京地裁がこれを棄却、破産手続開始を決定しました。破産手続開始時点の資産は約39億円、負債は約87億円で、約48億円の債務超過であることが判明しました。

調査が入ると、単純な業績悪化にとどまらない、マウントゴックス社のずさんな経営が次々と明るみに出ました。その後同社代表者は、ビットコイン売買のため顧客が預けた資金を着服していたなど、業務上横領などの容疑で逮捕されました。

しかし、このようにビットコインと仮想通貨が国民的関心事となっても、まだ日本政府は仮想通貨に対する規制検討には消極的でした。ところがイスラム系過激派組織などの国際的テロ組織が、仮想通貨を資金調達に利用している可能性が指摘されたことなどから、２０１５年6月、テロ資金の対策について議論している国際機関、金融活動作業部会（ＦＡＴＦ）は、仮想通貨の取引所に対する法規制を求める報告書を発表しました。こうした世界の流れに合わせるかのように、日本では、一転、ビットコインをはじめとする仮想通貨の規制方法の明確化を余儀なくされました。

仮想通貨に関する日本の反応

2009年　ビットコイン誕生。

2013年３月　キプロス危機によりビットコインが注目を浴びる。

2013年12月　黒田日銀総裁が記者会見で、インターネット上での決済などに利用されている仮想通貨「ビットコイン」について「私どもも大いに関心を持っている」と述べ、日銀金融研究所で調査・研究を行っていることを明らかにする。

2014年２月 マウントゴックス事件発生。

2014年３月　政府がビットコイン」に関する初の公式見解を決定。「通貨には該当しない」と認定し、貴金属などと同じ「商品（モノ）」と扱う方向性を示す。

2016年３月　政府がビットコインをはじめとする「仮想通貨」全般について、消費者保護の体制確立、および反社活動を抑制を目指す規制案を閣議決定。

その後、金融庁は「決済等の高度化に関するワーキング・グループ」という金融審議会で、仮想通貨に関する国内法制度整備の検討が進められ、２０１６年３月に上記の改正資金決済法案の国会提出へと繋がったわけです。

仮想通貨のステータスが上がった！

仮想通貨が、世界でどの程度のシェアを獲得していけるか。関連会社の間では登山にたとえて「まだ3合目」という言い方をしていますが、今後のさらなる拡大の方向性として、個人間取引だけではなく、仮想通貨を銀行に導入する道を実現させようとしてきています。一方、既存の金融機関でも、フィンテックの対応の一環として、仮想通貨での取引整備を着々と進めています。

２０１６年1月に、Ripple Labs, INC. と日本の金融大手ＳＢＩホールディングスは、日本を含むアジア諸国の金融機関に海外送金インフラを提供する合弁会社 SBI Ripple Asia をつくることを発表しました。

第３章で詳しく解説しますが、リップルは、ビットコインに続いて登場した、仮想通貨取引のしくみ、およびここで運用されている通貨（ＸＲＰ）のことです。

この発表の中で強調されていたのは、従来の海外送金が手数料が高額で、時間も数日を費やしていたのに対して、リップルのプロトコル（取引ルール）を活用することで、所要時間は数秒、手数料はゼロに近い送金が可能となる、という点です。

現実の通貨のやり取りを簡便化するために、リップルのしくみを活用する、こうして大手の金融機関がリップルを取引軸として認めることで、リップル自体の信頼性も高まると考えられます。Ripple導入に向け全力で準備している銀行は、現在80社にのぼるという報道もあります。

また、今年６月には、三菱東京ＵＦＪ銀行が、独自の仮想通貨を開発しているとの報道がありました。

三菱東京ＵＦＪ銀行が、ＩＴを活用した独自の仮想通貨の開発を進めていることが10日分かった。利用者同士が、これまでより安い手数料で資金をやりとりできる利点がある。当初は行内で利用し、将来は一般利用者向けに開放する構想もある。

仮想通貨にはインターネット上の取引所で交換できる「ビットコイン」などがあるが、三菱ＵＦＪが一般向けに参入すれば大手行で初となり、普及に弾みが付く可能性がある。

三菱ＵＦＪの仮想通貨の名称は「ＭＵＦＧコイン」。1円あたり1コインの比率で交換でき、専用のスマートフォンのアプリに取り込むなどして利用する。すでに行内での試験は進んでいる。

この技術を応用すれば、インターネットを通じて利用者同士が低コストで送金でき、空港で外貨として引き出すことも可能になる。コインを取り込んだスマホをかざすことで現金を引き出せる新型の現金自動預払機（ＡＴＭ）の開発も視野に入っているもようだ。

（産経ニュース　２０１６年6月10日）

http://www.sankei.com/economy/news/160610/ecn1606100013-n1.html

仮想通貨のステータスが上がる！？

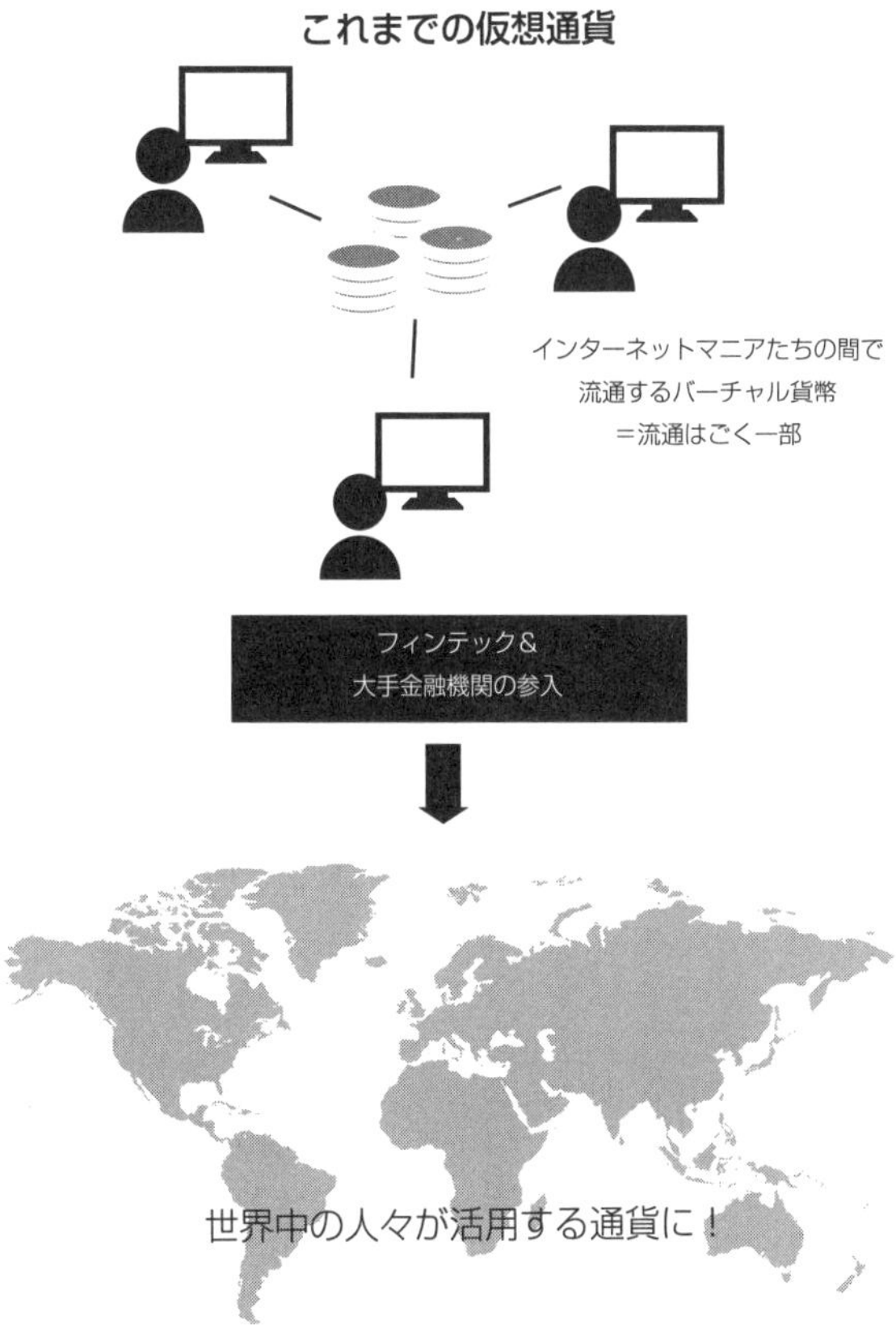

リップルの「トレード業務」停止が意味するもの

仮想通貨発行会社側も、銀行との連携に向けて、着々と準備を進めています。

2016年1月、仮想通貨・リップルの運営を行っているリップルラボ社の公式ウォレットであるリップトレードが、取引の中止をユーザーに告知しました。リップルトレードは、リップルラボ社が発行する仮想通貨XRPや他の通貨をやり取りするトレードプラットフォームです。

リップルラボ社の発表では、リップル社が対銀行のためのインフラ構築を重視する経営方針にて今後の運営を進めることを宣言しています。個人向けの取引所での事業を中止するということは、リップル社が、銀行などの公的金融機関を中心とした取引や契約などに集中していくために、体制をシフトするということを意味しています。

リップルの個人トレード業務停止

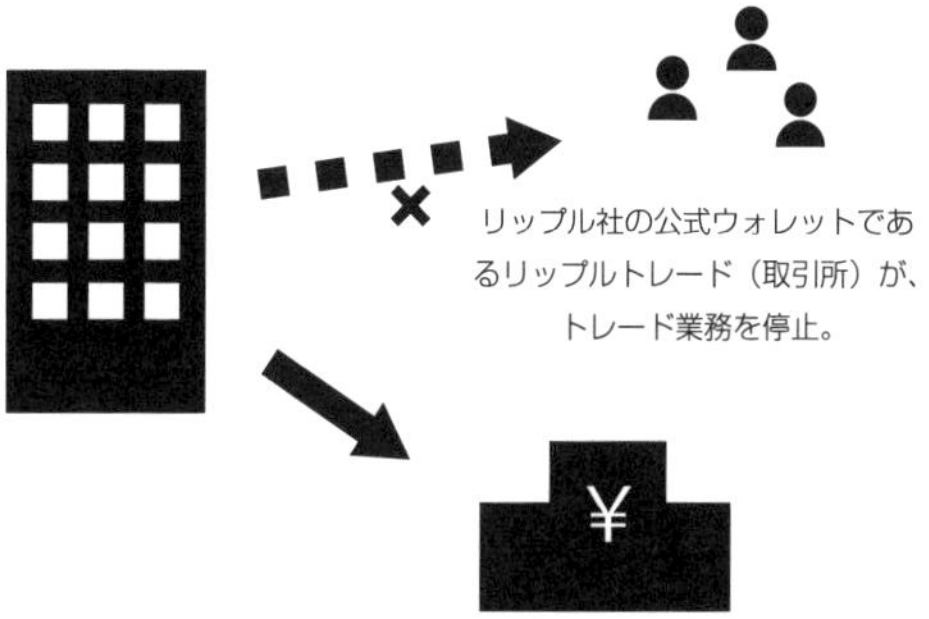
リップル社の公式ウォレットであるリップルトレード（取引所）が、トレード業務を停止。
¥

今後は銀行などの金融機関との、インフラ構築に注力していく！

停止の案内では、リップル社が信用している「ゲートハブ」というウォレットに残額を移動するように顧客に促されています。

これは、仮想通貨を投機対象、また資産移動の対象として保有しているユーザーにとっては非常によい知らせといえます。公的な金融機関に、リップルの価値が認められ、それをきっかけに世界市場に仮想通貨が流れていく動きが活性化するきっかけになるからです。

コラム「リンデンドル」はなぜ普及しなかったか

実は「デジタル仮想通貨」と言われるものは、ビットコインが初めてではありません。過去にもいくつか発明されています。その代表としてセカンドライフの「リンデンドル」に触れておきましょう。

セカンドライフとは文字通り、インターネット上で「第二の人生」を送ることができるゲームです。３ＤのＣＧで作られたゲーム内には現実世界と同じように街があり、仕事があり、お店があります。ユーザーは自分の分身となるキャラクター「アバター」を操り、住人たちと交流を持つことができます。現実世界では土地を借りるのも、店舗を借りるのも相当な投資額が必要です。セカンドライフの世界では、ゲーム上の空間に自身のお店を構え、そこに集まってきたアバター

（＝実際にはネットを操っている生身の人間）に、自身の作ったデザインや音楽データなどを販売することができるという世界です。

そこで通貨としての機能を果たしているのがリンデンドルです。円やドルでリンデンドルを購入すると、セカンドライフ内で有料アイテムを購入することができます。

また、セカンドライフ内で仕事をするなどして増やしたリンデンドルを円やドルと交換することも可能です。交換レートは現実世界での為替と同じように変動しており、最近では１ドル＝２７０リンデンドル前後で推移しています。

つまりリンデンドルとは、セカンドライフというゲームのなかにいながらにして、本物のお金が稼げるしくみでもあったのです。そのためトヨタ自動車や電通などの大企業もセカンドライフに参入し、「仮想空間内に新たなビジネスチャンスがある」などと大きな話題となりました。

その通貨で実際に買い物ができる環境があり、独自の為替変動がある。こうした特徴はビットコインと共通するものです。

しかし、リンデンドルは、ビットコインほどの市場規模を持つまでには至りませんでした。

その理由として考えられるのは、セカンドライフ自体の成長が止まってしまっていることが挙げられます。２００８年頃に参加者数のピークを迎えた後のセカンドライフは、ツイッターやフェイスブック、ＬＩＮＥなど新たに登場したコミュニケーションツールを前に、その存在感を失っています。鮮やかな仮想空間を眼前に表現するためには、高性能なグラフィックチップを搭載したハイスペックパソコンが不可欠でした。現在のスマートフォン隆盛の一昔前の話とも言えます。日本人に限って言えば、公用語が英語であるというコミュニケーション上のハードルも低くありませんでした。

そもそもリンデンドルは、仮想空間での生活を楽しむための一手段に過ぎません。そのため、リンデンドルを金融商品と見なし、その価値を高めていくだけのインセンティブはありませんでした。

第2章
仮想通貨投資が儲かる本当の理由

貨幣価値はどうして決まるのか？

仮想通貨が現実の貨幣として認識される日が、もうそこまで来ていると言えます。その理由は、世界中の多くの人々によって、その価値が認められ、交換手段として使用されるシーンが拡大したからに他なりません。

では、一般的に貨幣価値とはそもそもどのようにして決まるのか、そのしくみを見ていきたいと思います。

現在の主要国の多くでは、変動為替相場制という制度が採用されています。ここでは、各国の通貨の価値は、為替市場においてその交換レート（為替レート）が設定され、日々変動しています。1ドル＝120円の場合、1ドルは120円と交換することができます。

貨幣価値の決まり方

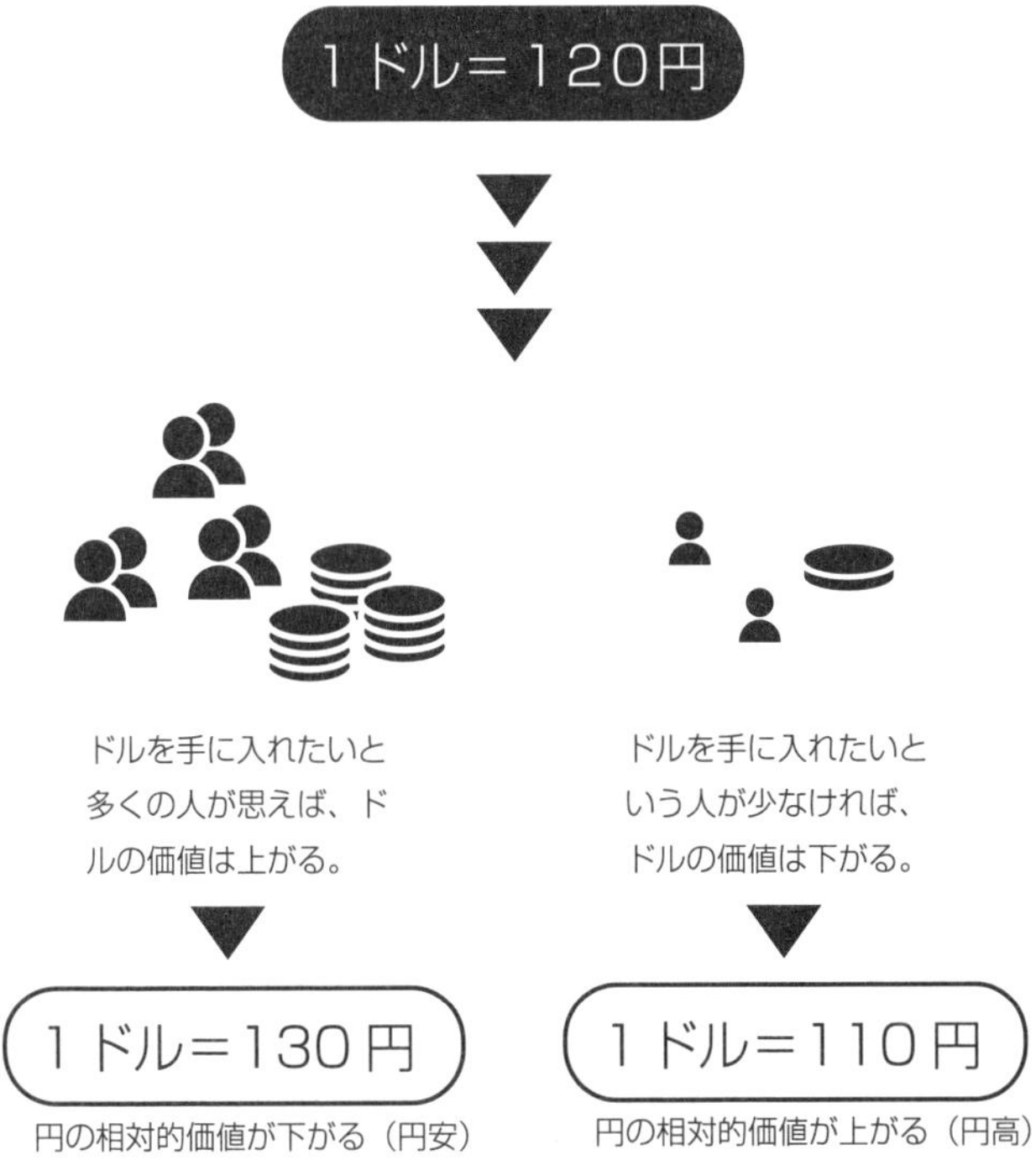
１ドル＝120円
ドルを手に入れたいと多くの人が思えば、ドルの価値は上がる。
１ドル＝130円
円の相対的価値が下がる（円安）
ドルを手に入れたいという人が少なければ、ドルの価値は下がる。
１ドル＝110円
円の相対的価値が上がる（円高）

それでは、1ドル＝120円という交換比率は、どのように変化するのでしょうか？

基本的には、通貨を発行する国の経済力にあるといえるでしょう。国力を高めていけば、必然的にその国の貨幣価値は上がるはずです。いいかえれば、世界の沢山の人が「その貨幣が欲しい」といえば、限られたパイをより多くの外貨を支払って買おうという人がでてくるでしょう。競争の原理により、そうなると交換あたりの単価は上がってきます。

ビットコインフィーバーは、まさにその最たるものです。「次世代通貨だ」と火がつけば急激に価値が伸び、「中国で取引規制」といえば、急落したのもわかります。これは現実の通貨の特徴とよく似ています。

仮想通貨は金にたとえられる

仮想通貨は、金とよく似ていると言われます。目に見えない仮想通貨の世界をうまく理解するために、よく金にたとえた説明がなされます。

金の埋蔵量には限りがあり、他の金属と比べて希少性が高く、その限られた量が世界中に流通しています。また劣化が少なく、見た目も美しいことから、貴重な金属として古くから等価交換における価値の保全としても使われてきました。

かつて世界の国々は、金の保有量を前提とした貨幣価値を決定してきました。これを金本位制といいます。金そのものが貨幣（金貨）として流通する形式です。経済規模が拡大した現在では、兌換紙幣（国が価値を決定して発行する紙幣）が主流になっていますが、そんな現在でも、多くの国は有事の際に備えて、金を保有しようと努力しようとしています。たとえ経済が破綻したとしても、世界中に価値が保証できる金を持っておきたい、と思うからです。

金と仮想通貨の共通点には次のようなものがあります。

（1）埋蔵量に限りがある

まず第1に、どちらも埋蔵量（仮想通貨の場合は発行総数）に限りがあるという点があります。

金の主な産出国は、中国、オーストラリア、米国、ロシア、南アフリカ共和国、ペルーなど。その総量には限りがあり、希少価値があるのが金です。現在までに世界中で採掘された金の量は、約16万６６６０トン。これは、50メートルプールの約３杯分に相当します。一方、まだ採掘されておらず埋蔵されている金の量は、約5万１０００トンと推定されています。これは50メートルプールの約1杯分に相当します。

これら未採掘の金に関しては、地中や海底深くにあるとされており、今後の採掘はますます困難なものになっていくと予想されています。

金と仮想通貨の共通点

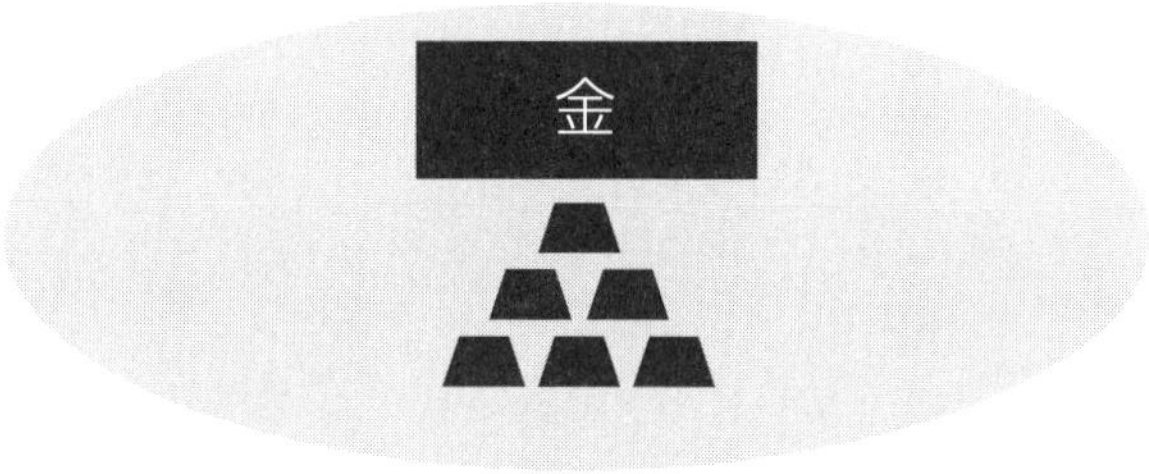

◎総量が決まっている。
（金は約 21 万トン、ビットコインは 2100 万枚）
◎残りは採掘して手に入れる。
（ただし仮想通貨はマイニング型の場合）
◎信用リスクが少ない。
（「有事の金」）

金は、理論的には、合成し製造することは不可能ではありません。しかしそのために、莫大なコストがかかると言われています。取れる金の価値と比べ物にならないくらいの労力とコストをかけて製造する人はいません。

このように、新たに生み出すことも難しく、減耗もしにくい、安定した希少価値が世界共通で保証されているのが、金です。

一方、仮想通貨は、たとえばビットコインでいえば、発行数の上限が定められています。しかし最初からすべてが流通しているわけではなくて、「採掘」し掘り出されたものが、市場で使えるようになります。「採掘する」という表現を使っていますが、実際にスコップやツルハシで「採掘」するわけではありません。ビットコインに設定されている高度な暗号を解くことにより、入手することができます。これをマイニングといいます。

ちなみに、仮想通貨には、ビットコインのように埋蔵されたものを採掘するような

「マイニング」タイプのものもあり、一方で、発行総数全てを最初から用意している（購入された分から順に市場に送り出す）タイプのものもあります。後で解説するフュージョンコインは、後者になります。

理論上では、コンピュータがあれば誰でも採掘することが可能です。ただし、金が採掘されればされるほど、新たに発見し採掘するのが難しくなるように、暗号が解読され採掘されたビットコインの量が増えれば増えるほど、残されたビットコインを採掘する暗号の難易度が上がるようにプログラミングされています。

「購入するまえに、個人で掘ろう」と考えるのは早計です。暗号解読の難易度は非常に高く、高度な演算処理が必要となるため、コンピューターの稼働コストが莫大にかかります。そのため、個人で採掘するのは難しく、企業やグループなどがプロジェクトとして採掘している、というのが現状です。

金と同じように、仮想通貨にも埋蔵量に限りがあります。たとえばビットコインの場合、総量２１００万ビットコインのうち、約７割（２０１５年10月現在）が採掘されているといわれています。

「安全性」が魅力の金と仮想通貨

第2の共通点は、資産としての安全性です。

近代における金の最安値は、1945年に金ドル本位制が始まった際に1トロイオンス（31・1034768グラム）35ドルと定められて以来、小さな上下動を繰り返しながら、少しずつ値段を上げていきました。

2000年台に入り、世界の金融危機、欧州の財政危機が起こると、金の価値は急上昇を始めます。特に2000年代後半の伸びは大きく、2008年には1トロイオンス800ドル前後だったものが、2013年には1700ドルを超えるまでに達しました。

金は、昔から「有事の金」と呼ばれるほど、世界経済が危機に瀕するたびに、その価値を高めてきました。2000年代も、相次いで起こった世界金融の危機の際、あらゆる証券が暴落し、貨幣に対する信用リスクが高まったため、金の価値が急上昇したのです。

株や通貨は、その国や企業の信用の上に成り立っています。見た目上はただの紙切れが、その紙以上の価値があるという約束事のうえで価値が決まります。その発行体である政府や企業が破たんしたり、なくなったりしてしまえば、それはただの紙切れでしかありません。金融危機の状況下では、そういう信用リスクが高まり、人々は不安感を高めます。

代表的なものが、2010年からのギリシャ経済危機です。それまでひた隠しにされてきたギリシャ政府の財政赤字が明らかになるやいなや、債務不履行を恐れた投資家は、いっせいにギリシャ国債を売りに出ました。これがヨーロッパ全土の経済危機、ひいては世界同時株安を起こすきっかけとなったのです。

自分たちの資産を守るために、世界中の投資家たちが頼ったものが、金でした。さきほどお話ししたように、金の埋蔵量は決まっていて、紙のように刷り増ししたり、かといって火事で焼失したりすることもありません。現物の量自体が決まっているので、そういう意味で「信用リスク」が発生しないのです。さらに、世界中でその価値は認められています。

同じく仮想通貨も、信用リスクのないグローバルな通貨だといえます。仮想通貨の流通量、埋蔵量はプログラムによる厳重なセキュリティ下に置かれ、世界中で自由に取引できます。

ビットコインが世界に名を知らしめたひとつのきっかけは、2013年のキプロス経済危機でした。このときキプロスから資金を引きあげた投資家たちが購入したのがビットコインでした。これも信用リスクを回避しようとする投資家たちが、仮想通貨に金と同じ性格を見て取った現象と言えるでしょう。

仮想通貨と金、土地の比較

先ほど、通貨価値として金と仮想通貨を比較しましたが、ここでは、流通や運用面で、金、そして土地も併せて比較してみたいと思います。

まずは量ですが、前述の通り金の総量は約21万トン。未採掘の量は、50メートルプール約１杯分の約５万１０００トンといわれています。

一方、仮想通貨の総量は、もちろん種類によって違います。ビットコインなら２１００万枚、リップルなら１０００億枚、後述するフュージョンコインなら３０００万枚、です。

取引価格について、２０１５年10月現在、金は１グラム約５０００円前後で取引されています。一方仮想通貨は、ビットコインの場合１ＢＴＣが６万～７万円、リップルの場合、1XRPが0・68円となっています（2016年7月現在）。

これを、総金額に換算すると、金が約1000兆円、仮想通貨は、ビットコインが約1・2～1・4兆円、リップルが約680億円です。もちろん、ビットコインの場合は、このすべてが流通しているわけではありません。そのあたりは金と同じです。

次に、投資商品としてよく用いられる土地も含めて、その特徴を比較してみましょう。

まず、取引、つまり価値交換として比較してみます。土地をもってコンビニエンスストアに買い物には行けません。また金でも買い物はできません。この二つは現金に交換（売却）してはじめて、お店などで使える価値といえます。

一方仮想通貨は、もちろん現金化して活用することもできますし、ショップで利用することもできます。ATMやカードなどの決済端末が導入されるようなことになれば、直接、仮想通貨でも決済できるようになる機会も増えるでしょう。

総量は、土地、金、仮想通貨とも有限です。ただし、土地の場合は、埋め立てなど

土地・金・仮想通貨の比較

名称	単位		総量	獲得方法	換金性
	名称	最小取引			
土地	坪	1坪 (3.31m2)	有限 ●埋立てなどにより増加 ●国・場所によって価値が変動	人が専用機械や道具を使って開墾 	悪い ●時間がかかる ●書類の準備が必要
金	g	0.1g	有限 約21万トン	人が専用機械や道具を使って採掘 	良い ●簡単、すぐにできる
仮想通貨	BTC、XRP、XFCなど	1BTC （ビットコインの場合）	有限	マイニングや取引所での購入など 	良い ●簡単、すぐにできる

により増加する可能性があるほか、国や場所によっても価値が変動します。

獲得方法ですが、土地・金は人が専用機械や道具を使って開墾したり、採掘したりします。仮想通貨は、発行する人から買うか、誰かから譲りうけるなどして入手します。ビットコインのようなマイニングタイプの仮想通貨であれば、自分自身で暗号解読することで入手することも可能ではありますが、読者の方々の身近なものではないので、その可能性は考えないでいいと思います。

換金性ですが、金、仮想通貨は簡単にできるのに比べ、土地は売買に非常に時間もかかり、準備する申請書類も複雑で、手間もかかります。ただし仮想通貨は相対取引であるため、買いたいという相手がいなければ、現金化することはできません。これも仮想通貨の取引量、取り扱う人の多さによって違ってくるところです。

株や国債、銀行預金と何が違うのか

読者の皆さんにとって馴染みが深い金融商品といえば、まず銀行預金や株式投資などではないでしょうか。仮想通貨という新しい金融商品の性質を理解するために、そうした既存の金融商品ともう一度比較してみましょう。

株式投資は、証券取引所に上場している企業のうち、これから業績があがっていくことが期待できると予測する企業の株式を購入して、値上がりした時に売却することで利益を得るという投資方法です。株価が値上がりしたときに売却すると、購入時との差額分が利益となります。

また毎年、保有する株数に応じた配当も期待できます。これは、株式を持っているだけで得られるお金で、銀行預金でいえば利子のようなものです。

一方で、株式には、購入したときより株価が下がれば元本割れ、つまり元手となった資金より小さい額しか残らないというリスクがあります。また、株式を発行している企業が破たんすれば、株式は紙くず同然となり、1円も戻ってこないことだってあるのです。これが信用リスクです。信用リスクは、株式のみならず債券にも同じく存在しています。

大きく儲かるチャンスがある一方で、資産価値がゼロになることもあるという「ハイリスク・ハイリターン」が株式の特徴だと言えます。

これに対して、銀行預金は「ローリスクローリターン」の商品と言われます。一定期間、銀行にお金を預けると、利息がつきます。

とはいえ、前述の通り、現在日本の金利は微々たるものです。銀行サービス間にも差異はありますが、とても積極的にお金を増やせると言うほどのものではありません。

それでも、いまのところ元本割れのリスクがないため、「大切な資産を1円も減らしたくない」という人には銀行預金以上のものはありません。預け入れていた銀行が破綻するリスクがあるにせよ、1000万円プラス利息分は保証される「ペイオフ」

という制度が用意されていて、1000万円以下の預金であれば、リスクはほぼないと言えます。

仮想通貨は、大きく稼げるという点では株式のほうに似ています。安いときに買い、値上がりしたときに売ると、その差額が利益となります。

同時に、当然のこと元本割れする危険もあります。仮想通貨によっては日々激しく値動きしており、購入時より価格が下がることもあれば、ある日突然急上昇することもあります。前述の通り「安全資産」として期待されているとはいえ、短期的には相場が激しく変動し、値下がりするリスクもあるということです。

仮想通貨が株式とも預金とも違うのは、利息や配当がつかないという点です。一度買った仮想通貨は、値上がりしたとき売却して初めて利益が確定します。仮想通貨は、こうした「投機」的な意味でいうと、儲かるか儲からないか、買う人の目利きにかかっているともいえます。

コラム　海外の仮想通貨仲間

海外で仮想通貨を買う人は、どのような人なのでしょうか?

実は、日本国内のイメージと異なり、海外には若年層の富裕層が多く存在しています。私のヨーロッパの知人たちも、多くが40代以下の若年層です。ちょっとイメージがしにくいくらいの莫大な資産を保有しています。

彼らの多くは、青年期からパソコンのソフトウェア開発などで起業をし、財産を築きあげてきている人です。当然、仮想通貨にも理解が早く、採用する抵抗感は無いわけです。

年功序列の日本のサラリーマン社会では、こうした投資にまわせるような資産を持っている富裕層は、どうしても高年齢層が多くなり、そうなると必然的に一

Tが苦手な人が多くなるものです。そうなると、サポート体制も、パソコンやインターネットの初歩からしなければならない場合も発生し、非常に労力がかかります。

ヨーロッパでは、仮想通貨に関しては、わずかなサポートで、基本的にオファーさえすれば彼らは勝手に買ってくれます。

さらに、ヨーロッパの富裕層たちは、世界中にすごい数のネットワークを張り巡らしています。そういう意味でも、仮想通貨が成功するかどうかは、海外でのネットワークでどう広められるかという点にかかっていると言えます。

（体験談）「ここまであがるとは思わなかった」

Mさん（47歳、自営業）

私が仮想通貨を知ったのは、日本に仮想通貨が紹介されるかなり初期の段階で、ある知人の外国人から、こういうものがある、という話を聞き、ビットコインを購入したのがきっかけです。仕事の繋がりで彼を信用していましたから、付き合いのつもりで購入しました。

僕に紹介してくれた人はこう言いました。

「来年の2月には絶対上がるから、今の家を売って、それを全部ビットコインで買っておくといいよ」

でも、その時に彼が言っていた予測では、「100ドルになる」ということだったんですね。ところが蓋を開けてみたら、１０００ドル超えてしまいました。10倍以上の嬉しい誤算でした。

正直、ここまで上がるとは思っていませんでした。せいぜい倍になればいいかなと、という程度でしょうか。使い勝手がいいから、ウォレットに入れて、使っていました。

購入後、その外国人と数ヶ月連絡が取れなくなったものですから、その時は「やられた」と思ったんですけど、その後、堅実に価格が上昇していくのに驚きました。自分の会社にビットコイン送金を導入しようと思い、そのために勉強しはじめたところで仮想通貨の真髄に気づき、「これは絶対伸びるな」と思ってもっと買い増そうと思い、渋谷にあったマウントゴックスに行ったんです。そのとき向こうの社長と会ったんですけど、全く話にならなくて。「欲しいならネットで買ってね」という態度でした。サービスなど何もなかった。

これはではダメだなと思いました。そこでビットコインを買ってあげて第三者に紹介する会社を起こしたんです。

そのときは、知人に普通に買ってあげるという「購入代理」程度のものでした。一般の方にはまだ日本向けの説明がなかったものですから買いにくく、手を出しづらい面があったので、私が代理でこっちから海外送金をしてあげて、海外のサイトで買ってウォレットに入れてあげてました。

私を信頼してくれている知人たちは、みな「あなたを信用しているから、あなたが儲かると言うんだったらお金を出しましょう」というスタンスの人たちばかりです。だいたい、一口100万くらいは買っていたと思います。

しかし、彼女たちは完全購入したことすら忘れていました。ところが世の中でビットコインが話題になり、値段があれよあれよと言う間に上がり、気がついたら300倍くらいになっていたのです。

私が紹介した人は100人くらいだと思いますが、皆3億以上の大金を手にすることができました。

確か2012年の12月に1ビットコインが800円ぐらいでしたから、その半年前ですから。恐ろしく格安です。日本で知ってる人がいない時代ですよね。

私はずっとサラリーマンとして会社勤めの後独立しました。サラリーマンってある意味守られてるじゃないですか。会社の看板を背負っていて、それが外れたとたん、今までの取り巻きが減ってったりしますよね。それがすごく嫌だったんです。

サラリーマンは飼い犬で、フリーの人間は、独立した人間は野良犬なんですよね。ガツガツいかないとダメなんですよ。ただ、人を騙してガツガツ行くのではなくて、みんなでウィンウィンになるような感じで。自己責任でものをやればいいなって思ってるんですけど、日本人って結構自己責任じゃないですもんね。誰かのせいにする。ビットコインがなかなか浸透しなかった理由に、そうした日本の文化もあると思っています。海外の友人たちは、日本でなぜ仮想通貨が浸透しないのか？　と不思議がっています。

（体験談）「ついにきた」と直感し大成功

Hさん（36歳、自営業）

Mさんから仮想通貨のしくみをきいたのは、3年前、2012年の年末だったと思います。

お話を聞きに行ったとき、ビットコインを解説する短い動画を見せられました。同時にそれを落とし込んだ資料を配られました。「ウェブの世界に金の鉱山ができた。その鉱山は誰でも掘ることができる」と説明を受けました。

印象的だったのは、メールで使用する「@」（アットマーク）のたとえです。メールを送るときにアットマークついていますよね。今はアットマークがあればどんなサーバー間でもやりとりが可能ですが、昔はそうではなかったそうで、アットマークの出現によって互換性ができたと。金融機関でいうと、それぞれがＳＷＩＦＴコードというものをもって取引のセキュリティを管理しており、これが各機関同士のやりとりの壁になっているところがありましが、これがなくなる、世界の金融機関のアットマークのようなものができるというのが仮想通貨の原点だということでした。

「これは上がる」とほぼ確信でしたね。「ついに来たか」という感じです。金融業界の革命が起こると。途端に興味が湧いて、共同経営をしている男性と一緒にお話を聞きに行き翌日、１０００万円分買ったんです。本当は１０００万投資するか１億投資するか悩んだのですが、器が小さいものですから、失敗した時に周りに笑われると思い、とりあえず１０００万にしました。

その後、売却、買い増しを繰り返しながら、１５００万円分を保有していました。

２０１３年４月ごろ、２７０円くらいまで価格が上昇した時のことを覚えています。ちょうどわたしはゴルフ場にいて、ラウンドの最中、画面を見るたびに、価格があがっていくのです。ちょうどキプロス危機が発生した時期です。このときは、もっと値段が上がると思ってました。そして、これを周りの人にも広めようと思って、いくらか売って高級腕時計などプレゼンしやすいようツールを揃えてビットコインを人に広めていこうとしていました。

さらにブレイクは訪れました。2013年の11月のことです。

このとき、1ビットコインが13万円近くまで上がりました。少し円安になってきたのもあって、円換算すると、ビットコインの単価の上がり幅以上に値上がりしました。60倍ぐらいの値上がりを見せて。

とにかく、毎日1000万増えてましたね。寝て起きると1000万増えて、結局、3億の儲けを得ることができました。

このときは、ちょうど、中国人が買いに走ったときですよ。12月ぐらいにはロシアや中国で規制が始まり、年を明けるとマウントゴックス事件なども起こったので、単価が半減して、一度は二百数十ドルのところまで下がりましたが、そこでまた１０００万分買い直ししたりとかして。今が１ＢＴＣが４万５０００円ぐらいになってますけど。私はあと１０００倍にはなると思っていますので、まだ保有しています。

実際は、日本だとあまり使えるところが少なく、換金したり、友達に支払ったりという活用の仕方をしています。まだまだ日本ではポピュラーではないので、インフラも進まない。これからどんどん仮想通貨が浸透して行って、使える環境が増せば、価値はさらに高まるのではないでしょうか？

第3章
ビットコイン&リップルの登場、その問題点

ビットコインがうまれた背景

本章では、仮想通貨を世に知らしめるきっかけをつくったビットコインと、それに引き続き登場し、存在感を増しているリップルという2つの仮想通貨について見ていきたいと思います。この2つの仮想通貨が成功した功績ははかりしれないものがありますが、一方で、大きな課題も示しています。これから仮想通貨が次のフェーズに進んでいくために、その課題を知っておくのはとても重要です。

ビットコインは、2009年に誕生しました。きっかけは、「ナカモトサトシ（中本哲史）」という人物が書いた「暗号通貨に関する論文」という論文です。ナカモトサトシは偽名であり、その素性はずっと謎のままでここまで来ています。

このナカモトサトシはだれなのか、これは、ビットコインユーザーたちの間で、何よりも魅力的な話題であり続けています。大学教授、凄腕のハッカーであるとか、噂は多々ありましたが、２０１６年５月、ナカモトサトシとの身元関連性がかねてから噂されていたあるオーストラリア人が、地震がビットコインの開発者である、ということを認めたという報道がありました。

アメリカのコンピュータ学者テッド・ネルソンは、「ビットコインの発明者はアイザック・ニュートンに比する人物だ」と称えています。

ナカモトサトシが２００８年に発表した論文は、オンライン上で誰もが読めるようになっています。

論文の冒頭には以下のように書かれています。

「概要：純粋なP2P電子マネーによって、金融機関を通さない甲乙間の直接的オンライン取引が可能になる。電子署名は問題の一部を解決するが、依然信用できる第三者機関による二重使用予防が求められるため、その恩恵は失われる。当システムはP2P電子マネーにおける二重使用問題の解決を提案する。このネットワークは取引に、ハッシュベースの継続的なプルーフ・オブ・ワークチェーンにハッシュ値として更新日時を記録し、プルーフ・オブ・ワークをやり直さない限り変更できない履歴を作成する。最長である一連のチェーンは、取引履歴を証明するだけでなく、それがCPUパワーの最大のプールから発せられたことを証明する。大多数のCPUパワーがネットワークを攻撃していないノード（ネットワーク接続ポイント）によってコントロールされている限り最長のチェーンが作成され、攻撃者を凌ぐ。ネットワーク自体は最小限の構成でよい。メッセージは最善努力原則で送信され、ノードは自由にネットワークから離脱、再接続することができ、離脱していた間のイベントの証明として最長のプルーフ・オブ・ワークチェーンを受信する」

http://www.bITcoin.co.jp/docs/SatoshiWhITepaper.pdf

彼の発明の最大のポイントは、次の通りです。

・純粋なP2P（ピアツーピア）電子マネーによって、金融機関を通さない甲乙間の直接的オンライン取引が可能になるということ。
・高度なプログラムを解く必要があるために偽造なども不可能。
・銀行や中央政府が介在しなくても、ユーザー間の相互信頼があれば仮想通貨は成立するということ

P2P（ピアツーピア）とは、インターネットの世界でいう通信方式のうちの一つで、ネットワーク上で対等な関係にある端末どうしを相互に直接接続してデータを送受信する方式のことをいいます。

一般的にみなさんが活用されているインターネットは、個人のユーザーが持つ端末は、プロバイダという運営会社に接続しています。ここにあるサーバーコンピューターが、世界中の同じようなサーバーコンピューターに接続することで、結果的に世界中

の端末どうしがつながるというしくみです。これをクライアントサーバー方式と言います。

一方、サーバーを介さず、世界中の個別端末どうしがつながることでやりとりをするというのがＰ２Ｐです。すでに、このしくみでデータをやりとりするなどは10年以上前からさかんにおこなわれています。

Ｐ２Ｐを使った個人同士の金融決済ができると、どう革命的なのか。通常、サーバーを買い知るクラインとサーバー方式をとると、サーバーでは大量のデータのやりとりを一気に処理する必要があります。そこにはコストがかかり、それが最終的にはユーザーの手数料という形で負担が跳ね返ってくるのです。Ｐ２Ｐはこうした処理の集中を、個々人のコンピュータ間に分散するため、スピードもあがり、コストもさがるということです。

既存の金融機関がもつ最大の問題のひとつが、この手数料とスピードです。フィンテック革命の要諦は、大手金融機関が当たり前のようにかけてきたコストとスピードを、このＰ２Ｐのしくみによって解消しようとするものと言ってもいいかもしれませ

P2P（ピア・ツー・ピア）のしくみ

通常のインターネットのやりとり

プロバイダにあるサーバーを介してインターネットとつながり、やりとりするため、トラフィックが多くなるとサーバーに負荷がかかり、スピードもコストも膨れ上がっていく。

P2P（ピア・ツー・ピア）でのやりとり

クライアント（個人のパソコン）どうしで直接やりとりするため、トランザクション（やりとり）の負荷も分散され、コストは安く、スピードも早くなる。

ん。１９９６年に起こった金融ビッグバン以降、金融の自由化はどんどん進み、どのような企業であっても、資金力という信用さえあれば、銀行、証券、保険といった金融商品を取り扱えるようになりました。そこにここに最新のＩＴ技術を応用することができれば、既存の金融機関に対する大きな差別化をもって対抗しうる時代がやってきたのです。

フィンテック革命に対抗しようと、すでに多くの金融機関が、電子決済をスムーズに行うシステム改革を実行中ですが、いくらそれをおしすすめても、立派なオフィスに、何十万人という行員が毎日通勤してきている、それらのコストは、Ｐ２Ｐにはなく、かなわないことはお分かりでしょう。

ビットコイン取引のはじまり

ナカモトサトシの論文を見た、ごく一部のマニアたちは、この破天荒なアイデアに驚喜しました。国の監視下にない通貨、自由に国境を越えられる通貨の誕生です。

彼らにビットコインを供給したのは、ギークと呼ばれるコンピュータオタクたちです。ビットコインはある暗号プログラムを解読することで採掘するものですが、ナカモトサトシの論文から暗号を解読するために必要な技術を持っていたマニアたちが、その技術を生かして、誤解を恐れずに言うならばなかば遊び半分で、ビットコインを採掘し、その周辺にいるマニアたちが売買しはじめました。こうして、ビットコインは流通するようになっていきました。

ちなみに、初めてビットコインが決済に活用されたのは、２０１０年5月。米国フロリダ在住の「Laszlo」という名前のプログラマーが、宅配ピザ2枚を購入するために「ビットコイン1万枚とピザを交換してくれる人はいないか」とインターネット上の掲示板で呼びかけました。その結果、彼はビットコイン1万枚を受け渡し、かわりに25ドル相当のピザ2枚分を受け取りました。

その後、ビットコインによる決済を受け付けるショップや企業が登場、ビットコインを支払いに使える場が増えていったというわけです。

Laszloの買い物は、日本円にして数千円相当のものでした。それが今となってはビットコイン1万枚が6億円以上もの資産価値を持つまでに至っています。

キプロス国外へ流出したお金がビットコインへ

こうしてひろまっていったビットコインですが、ブレイクのきっかけは、あるヨーロッパの小国の金融政策がきっかけとなりました。

トルコの南、地中海に浮かぶ小島キプロス島にある小国キプロスは、風光明媚な観光地として有名なところです。一方で、主にロシアを中心とした世界の富裕層たちには、その国の税金の安さを利用したを利用した「タックスヘイブン」として知られています。

当時、キプロスは、財政破たんの危機に瀕していました。ＧＤＰの８倍にもなる預金資産を運用していましたがこれに失敗、大量の不良債権を抱えることになり、自身の経済活動だけでは立て直しが困難となります。結局キプロス政府は、銀行預金を引き出せないようにし（預金封鎖）、さらに一部を税金として没収しようとしました。10万ユーロ未満の預金は保護されるものの、それ以上の預金は凍結し、銀行の経営状態によっては80％までの預金没収が行われることになりました。

資本家や投資家たちは、大慌てで資金をキプロス国外へ移動しはじめます。このとき、彼らの移動先として注目されたのがビットコインでした。

ビットコインは国が企業などの発行体がないため、キプロスで実施されたような預金封鎖や徴税などということをする主体がありません。資本家や投資家たちは、銀行預金よりもビットコインのほうが安心だと考えました。当時、キプロスの街頭には、いつでも預金をビットコインに換金できるようにするための、ビットコイン用ＡＴＭが登場したそうです。

こうして、それまでマニアたちに限られていたビットコイン市場に、突然、大量の「外貨」が流れ込み、ビットコイン価格は急騰しました。キプロス危機の直前には1ビットコイン40ドルだったものが、たった2週間で72ドルまで値上がりしました。

急騰したビットコイン

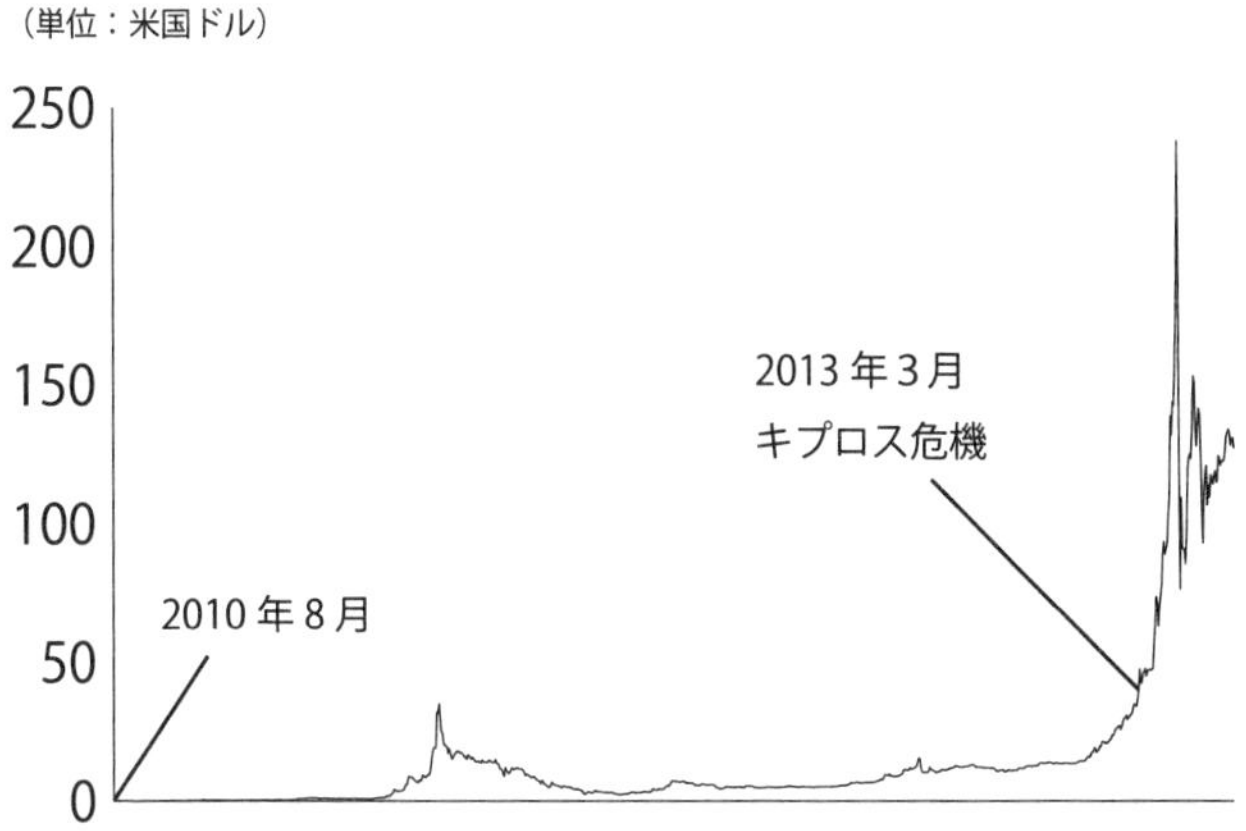
（単位：米国ドル）
250
200
150
100
50
0
2013年3月
キプロス危機
2010年8月

多くのメディアが「ビットコインバブル」を報じ、今まで知らなかった一般の人々も、「その特徴的なしくみ」「急騰する投資商品」「ミステリアスな素性」に興味を持ち始め、さらに、「経済危機にもゆるがないビットコイン」「大きな値上がりが期待できるビットコイン」という見方が浸透していくことになったのです。

ビットコインが出色だった点

ビットコインの大きな特色は、「発行主体を持たない」という点です。国などのある発行主体が発行し、管理し、それの価値が国際的に信用されて初めて、その通貨は価値を維持することができます。しかし、前述のキプロス危機でもわかるように、政情不安などで発行主体自体の信用が失墜すれば、紙くずにさえなりかねないのです。

発行主体がないのは、自然界に一定希少量存在し、採掘し手に手に入れることはできても、人力で新たに増産こともできない金のようなものです。そしてその価値は、国家間が取り決めによって設定しているのではなく、使用者同士の価値観によって決められています。「絶対量存在し、増やせない」という点と、「採掘が進めば、どんどん採掘しづらくなる」という点を、頑強な暗号で実現しているのがビットコインです。

ビットコイン・マイニングのしくみ

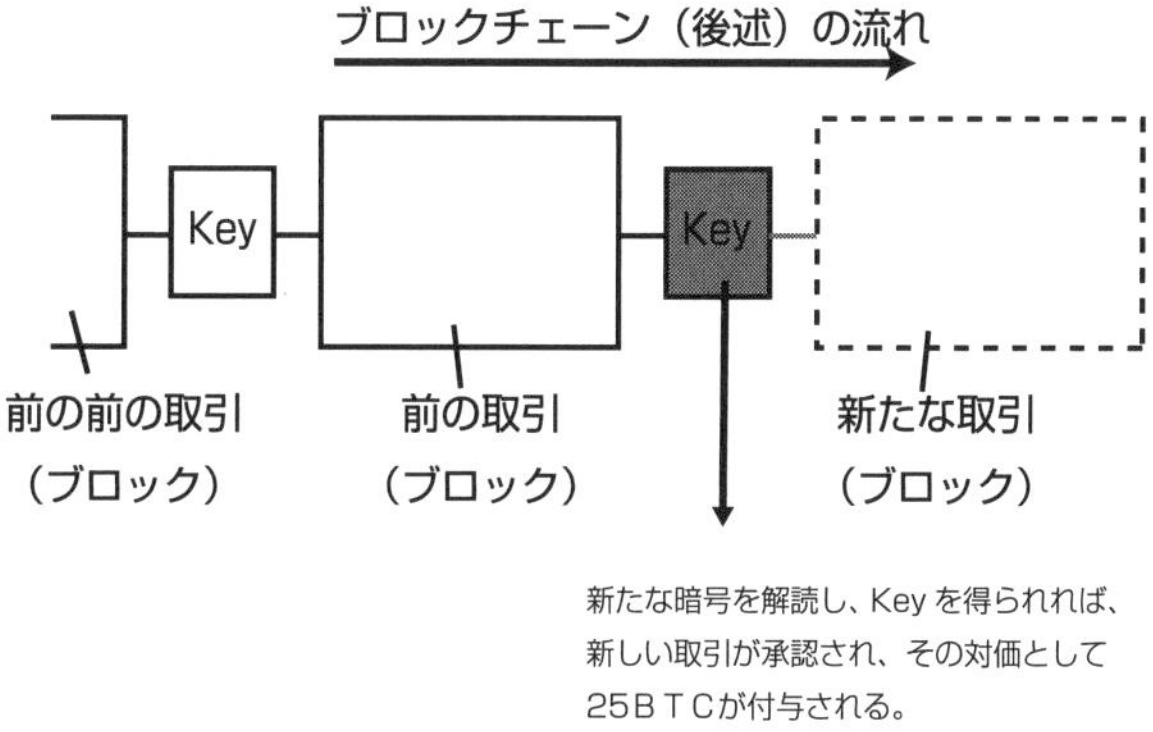
ブロックチェーン（後述）の流れ
Key
Key
前の前の取引
（ブロック）
前の取引
（ブロック）
新たな取引
（ブロック）
新たな暗号を解読し、Key を得られれば、
新しい取引が承認され、その対価として
25ＢＴＣが付与される。

マイニングとは

◎「ブロックチェーン」と呼ばれる、複製・改ざんをふせぐための取引記録に新たな取引をつなげることを承認するキーを見つける作業

◎暗号は未採掘のビットコイン量が少なくなればなるほど、難しくなるように設定されている。

ビットコインのしくみ

ここからは、ビットコインの技術的背景について見ていきましょう。

ユーザーにもたらすメリットばかりが注目されがちですが、ビットコインの真の価値は、その技術的革新性にこそあるといってもいいかもしれません。

「ビットコインに対する専門家の意見は分かれる。大手会計事務所デロイト&トウシュ米西部地域リーダー兼パートナーの西浦泰明氏は『金本位制やドル本位制しか知らない私のようなベビーブーマー世代の多くは懐疑的だが、最近の若い世代は小切手帳を持たず、ペイパルでさまざまな支払を済ませることに慣れている。また、オンラインゲーム上で使われる仮想通貨にも抵抗がない。

海外送金などで手数料がかからず、利便性もありビットコインは普及していくだろう』と前向きだ。
一方、みずほ総合研究所ニューヨーク事務所長の太田智之氏は『ビットコインは信用の裏付けがないので、牛乳瓶のふたを通貨代わりにするようなもの。皆が価値があると信じている間はいいが、なぜこのようなものに夢中になったのかと疑問を感じると、一気に忘れ去られる危うさをはらんでいる』と切りすてる。」

（週刊東洋経済２０１４年1月11日）

当初、そのしくみがあまりに新規制に富んだものであるため、どうしても懐疑的な意見が多かったのも事実です。しかし、様々な事件や問題を抱えてもなお、存在感を増しつつあるこの新しいシステムに目を向け、理解する人々も確実に増えています。
経済評論家の森永卓郎氏は、ある仮想通貨に関する書籍の書評で、次のように語っています。

昨年、仮想通貨のビットコインの交換取引を行なっていたマウントゴックス社で、顧客から預かっていたビットコインが消失する事件が発生した。そのとき「ビットコインも、おしまいだな」と私は思った。しかし、私の予想と異なり、ビットコインは見事に復権を果たした。例えば、楽天はすでに米国の通販サイトでビットコインでの支払いを可能にしているのだ。（中略）

仮想通貨は、貨幣と同じように汎用性と流通性を持っている。つまり何でも買えるし、仮想通貨自身が次々と持ち主を変えていく。しかし、貨幣と決定的に違うのは、政府による裏付けが一切ないことだ。例えば、エディのような電子マネーは、現金との交換で発行され、発行残高の一定割合は、供託が義務付けられている。一方、ビットコインは何の裏付けもない。

ビットコインは、出題される複雑な計算問題を最初に解いた参加者に与えられる。奇抜な発想だが、計算にはコストがかかる。通常の貨幣も最初は金だった。金の採掘にはコストがかかる。だから金が価値を持つ。同じことなのだ。

さらに、ビットコインには管理者もいないし、中央のサーバーもない。あるのは、どこからどこにビットコインが移動したのかという出入りの情報だけだ。それが連なり、参加者のサーバーに残っていく。だから匿名性が高く、資金移動にコストがかからない。近い将来、現金が衰退し、仮想通貨が主役になる日が来るだろう。その前にそのしくみを理解しておくことは、とても重要なことだと思う。

（週刊ポスト２０１５年８月７日号）

ビットコインの技術面における最大のポイントは、前述のＰ２Ｐのしくみによって、政府や中央銀行の規制を受けない、ユーザーどうしの直接的なオンライン取引が可能になるということです。銀行や中央政府が介在しなくても、ユーザー間の相互信頼があれば、ビットコインのネットワークは成立するのです。

つまりビットコインは、ユーザーたちがそれぞれ運営者でもあるのです。オープンソースであるため、そのアルゴリズムは誰でも見ることができます。

しかし、顔の見えない不特定多数が、「貨幣」のように実体を伴わない、いわばバーチャルな仮想通貨をやりとりするとなると、問題が起こります。誰かが「100ドル送金した」「送金された100ドルが、ここにあるから、これで支払う」といっても、それが嘘であったりすれば、この取引は破綻します。

国が発行する貨幣については、国と、既存の金融機関が、これらの信用を、いわば人間の目線で確認し保証しています。しかし、仮想通貨（ビットコイン）には、発行主体がありません。これをITの技術で解決するのが「ブロックチェーン」というしくみです。

ブロックチェーンでは、仮想通貨上で行われているすべての個人間の取引記録がチェーンのように連なり、暗号によって記録されており、その記録はユーザーに対して開示されています。また、高度なプログラムを解く必要があるために偽造なども不可能です。たとえば、「ここに100BTCある」とある個人が嘘をついたとしても、ブロックチェーンによりその100BTCは偽物であるとすぐにわかってしまうわけです。

ブロックチェーンのしくみ

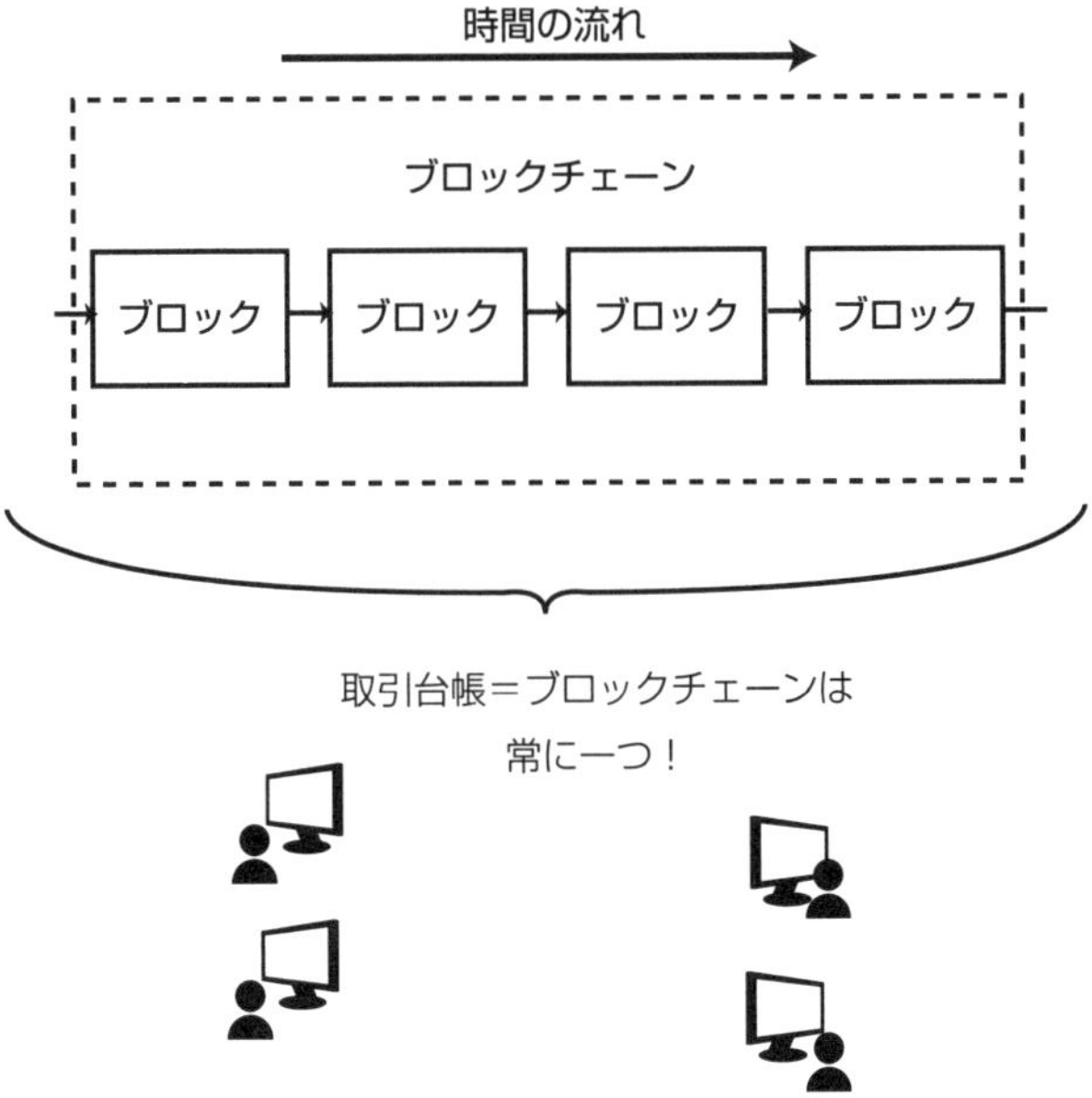
時間の流れ
ブロックチェーン
ブロック
ブロック
ブロック
ブロック
取引台帳＝ブロックチェーンは
常に一つ！

すべての取引を、全ての参加者が承認しながら記録を行うことで、改ざんを防ぐ仕組みとなっている。

急成長そしてマウントゴックス事件へ

キプロス危機をきっかけに、世に知れわたった仮想通貨ビットコインですが、これまでにない革命的なシステムであるという声の一方で、否定的な意見も多数ありました。

ビットコインは前述のブロックチェーンというしくみの中で、匿名で取引をすることができます。したがって、誰が誰にいくら払ったかという、お金の流れを追跡するのが非常に困難です。そのため、麻薬や武器の密売などに利用されたり、税金逃れのための資金移動に利用されたりという懸念がありました。

とはいえ、有益で便利なものは世に広がっていくものです。2013年には、日本の各種メディアでもビットコインが多数取り上げられるようになり、国内ユーザーも爆発的に増加しました。ビットコインバブルにあやかろうと、新しい多くの仮想通貨が登場し始めたのもこの頃です。

各国政府も、仮想通貨を新たな金融商品として認めるかどうか、検討するようになってきました。キプロス危機のように、大規模な資金移動がなされた現実を受け止め、無視できない存在だと理解してきたのです。

その後、ビットコインフィーバーに急ブレーキがかかりました。２０１３年12月５日、中国の中央銀行である中国人民銀行は、公的金融機関および決済機関はビットコインの取引に関する大幅な規制を設けることを発表しました。これにより、銀行間の取引は大きく規制され、個人による取引に狭められてしまいました。当時、ビットコインフィーバーの屋台骨は中国が背負っていたと言ってもいいほどで、この規制により、ビットコインの値が一時的に暴落することになりました。

時をおかずして、２０１４年2月28日、ビットコインの売買を扱う取引所「マウントゴックス」を運営していたMt.Gox（マウントゴックス）社が、東京地裁に民事再生法の適用を申請しました。

マルク・カルプレス社長は、顧客分と自社保有分114億程度のビットコインが消失したと発表し、債務超過のため、経営の維持が困難と判断しました。

カルプレス社長はその後、利用者からの預かり金の使途について疑惑が持たれ、2015年8月に逮捕されます。

このマウントゴックス事件で、もともと仮想通貨、およびビットコインに懐疑的だった識者たちから、非難の声があがりました。その多くは、仮想通貨、ビットコインに対するダメ出しでありました。

しかしこの事件は、ビットコインのいち取引所であったマウントゴックス社の経営に問題があったということに過ぎず、仮想通貨やビットコインのシステムが否定されるいわれも、根拠もないということは理解しておくべきでしょう。

このバッシングは、当時の日本が、識者でさえも、何が問題で、何が問題ではないのか、しくみも論点も十分に理解していなかったことの表れとも言えます。

ビットコインのその後

２０１３年～２０１４年の激動を経たビットコインですが、その後の価格を見てみましょう。

価格は安定しています。ビットコインホルダーは、一連の動きにも比較的冷静だったというのが事実です。その後も取引が進み、フィンテックの動きもあいまって、より多くの人にその存在を知られるようになってきています。

ただし、黎明期は投機的に非常に魅力のある商品として登場してきたビットコインですが、バブルとして発生していた値付けは落ち着き、よくいえばその後は安定し今に至っている現状です。

逆に言えば、価格が安定してきただけに、その投機的魅力は薄れてきたといっても

ビットコインの価格推移（2013年以降）

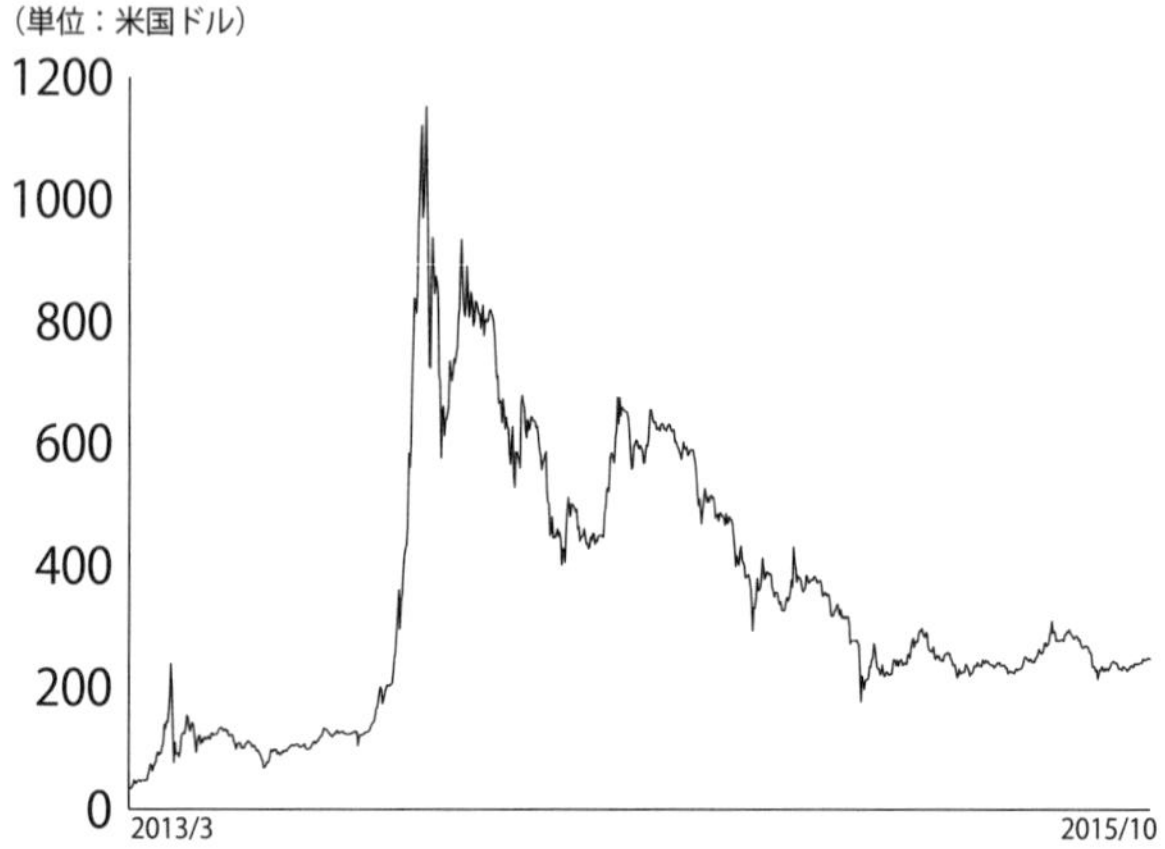

いいかもしれません。ビットコインホルダーたちは、その資金をもとに、新たに別の仮想通貨を入手したりしている動きもあるようです。

いずれにしても、あれほどの騒動や価格の上下動を見せながら、ホルダーたちは浮足立たなかった。むしろ安定してきたというのは、ビットコインあるいは仮想通貨が本物であることの証明と言えるかもしれません。

リップルとは

以上で見てきたように、ビットコインにはこれまでにない革新的なものがありましたが、いくつかの問題点もはらんでいました。

それを解決する意味も含めて登場してきたのがリップルです。

リップルは、Jed McCaleb という開発者が率いるシリコンバレーの OpenCoin という会社が開発しました。Jed McCaleb は東京のビットコイン交換取引所マウントゴックス社を作った人物です。

世間では、メジャーになった仮想通貨という意味で、ビットコインとリップルを並列に論じることがよくありますが、厳密にいうと違います。まずリップルの定義を説明しておきたいと思います。

まず、ビットコインと違い、リップルには運営する主体があります。Ripple Labs, INC.がそれで、この会社自体をリップル、と呼ぶことがあります。Ripple Labs, INC.は、リップルのしくみが運用されるリップルネットワークを作ります。このリップルネットワークを運用する際の取引プロトコル（ルール）をリップルと呼ぶこともあります。

また、リップルは、ゲートウェイという取引所を通じて、ドルや円などの通貨と交換することができます。このときに用いられる単位が「XRP」とよばれるもので、「1XRP」などと呼ばれたりしますが、厳密に言うとXRPはそれ自体が仮想通貨として存在しているわけではありません。しかし見た目上は、他の仮想通貨と同じように、ドルや円などの現実の通貨と交換したり、ビットコインなどの仮想通貨と交換したりする事ができます。そういう意味では仮想通貨そのもののように振る舞います。ここではドルや円と交換するための交換基準の単位だと理解しておけばよいでしょう。

リップルのしくみ

リップルの世界の取引は、ＩＯＵ（借用証書）というしくみで説明されます。

仮に、ＡさんがＢさんに１万円を借りていたとします。ＢさんがＣさんからあるものを購入しました。ところがＢさんとＣさんは遠く離れた国に住んでいるため、直接送金すると手数料や時間がかかってしまいます。そこでＢさんは、Ａさんと同じ国に住むＣさんに、「Ａさんに対して持っているＩＯＵで支払います」と告げます。Ｃさんは Ｂさんから預かったＩＯＵをもとに、Ａさんから代金１万円を手に入れます。こうして、実際のお金をやりとりすることなく、ＩＯＵでの取引が成立します。

同じように、プレイヤーがＤさん、Ｅさんと拡大していくことで、ＩＯＵ取引のネットワークは拡大していきます。このネットワークを拡大することが、Ripple Labs,

INC. の目的と言えます。

ビットコインと大きく違う点は、もともとマイニング（埋蔵）されているビットコインに対し、リップルはすでに1000億XRPがネットワークに供給されているという点です。したがって、マイニングというものは存在しません。

さきほど、「リップルは厳密に言うと仮想通貨そのものではない」と言いましたので、すこし混乱するかもしれません。以下のように理解すればよいと思います。

ビットコインでもリップルでも、仮想通貨とはいえ、インターネット間での取引（これをトランザクションといいます）による物理的なコストはかかります。ビットコインの急成長により、その処理はますます膨大となり、取引にかなりの時間を要するようになりました。これはビットコイン取引の大きな課題として横たわっています。リップルではこれを解消するため、ネットワーク上にXRPという仮想通貨を発行し、リップル取引が増えネットワークに負荷がかかるごとに、その価値が減少するようなしくみを作ることで、ネットワークの信頼性を保っています（実際には細かい解説が必要になる部分ですが、かなり難解な話になりますので、そういうものと理解していただ

IOUのしくみ

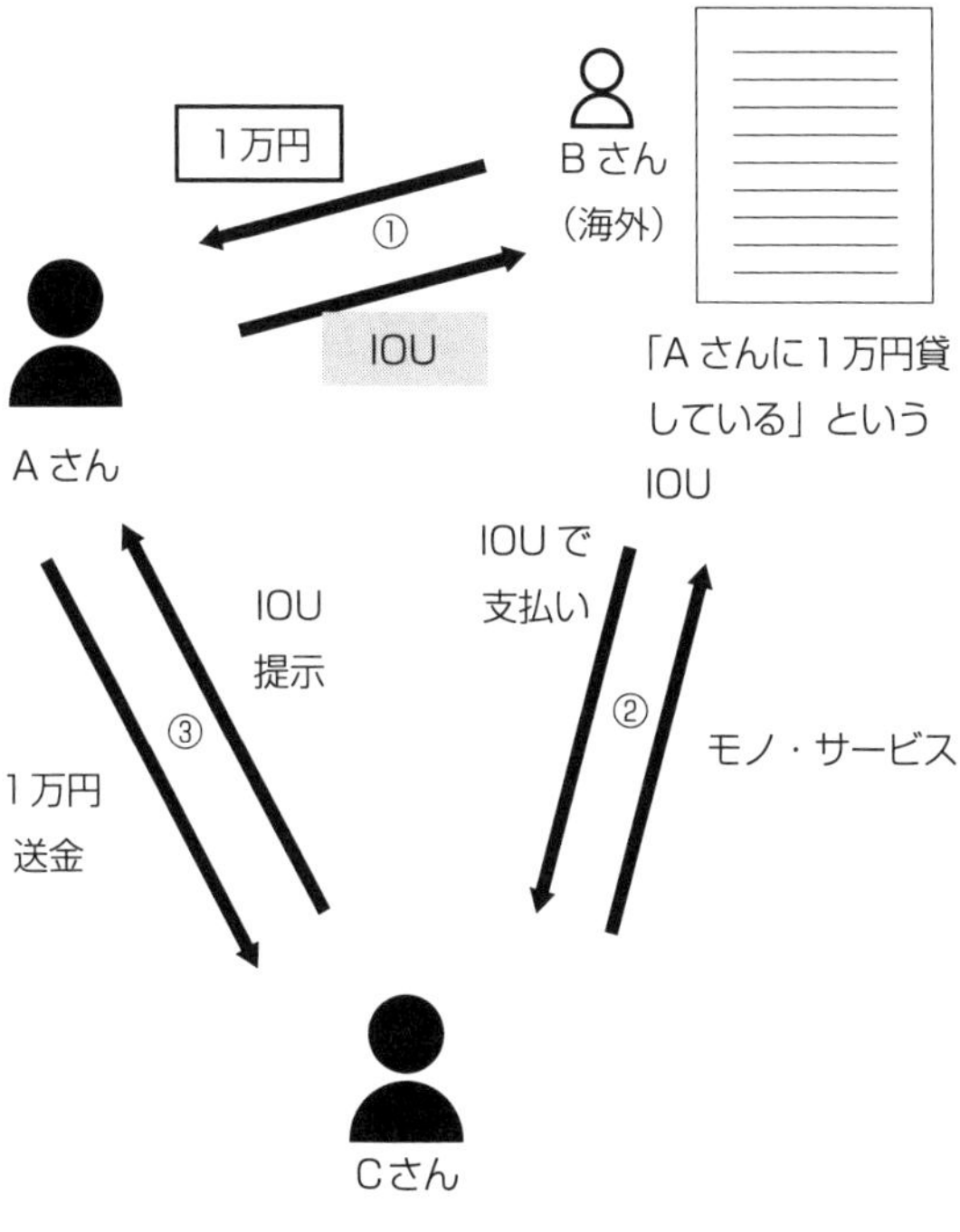

IOUを利用することで、海外などへの送金時に発生する時間的ロスや手数料などを削減することができる。

ければいいかと思います）。

とはいえ、ユーザーの立場で見れば、ＸＲＰもビットコインと同じように、円やドルとの交換もできますし、売買もできます。すなわち、価値変動による差額分で儲ける、ということもできます。

よく言われるビットコインとリップルの違いは、まずひとつが、ビットコインは破壊的で、リップルは建設的だという点です。もともとビットコインの存在は、既存の銀行の行っていた役割を奪うことになり、言って見れば銀行を「敵に回す」ことになるので、そういう意味での比喩とも言えます。

リップルの長所としてあげられるのは、まず決済速度が速いということです。ビットコインは10分以上かかるので、日常生活で使うのは非現実的だと指摘されています。一方、リップルは約２・５秒で決済が完了します。

また、「企業」が運営しているという意味で、リップルは建設的とも言えます。というのは、企業でも金融機関でも「提携」できるという道が考えられるからです。実

ビットコインとリップルの違い

	発行枚数	発行主体	マイニング
	2100 万枚	発行主体がない（破壊的？）	マイニングによって採掘。
ripple	1000 億枚	発行主体がある（建設的？）	全量発行済みでマイニングはない。

際に、大手金融機関はその話し合いの場を設け始めています。一方、ビットコインは主体がありませんから、提携するための話し合いをする相手が存在しません。できるのは「採用する」だけです。

同時に、ビットコインは上記の観点から、バージョンアップが困難です。すぐれたシステムだが、サポートがないので、だれもフォローできない、というのがビットコインかもしれません。もともとバグが多い通貨でもあり、脆弱性も指摘されてきました。リップルは、そういったビットコインが持つ問題点を解決できる主体を持っています。

ビットコイン、リップルの課題を解決する

多種多様なコインがすでに取り扱われる中で、次々に新しい仮想通貨が誕生している理由は、もちろん、新しいビジネスとして多くの人が魅力を感じ始めたという点もありますが、それと同時に、今までの仮想通貨に足りない部分を解決する仮想通貨を作ろう、また、今までのノウハウを活かして、よりすぐれた通貨を作ろう、という考えが開発者側にあったと思います。

まずは、ビットコインとリップルを例に出して説明したいと思います。

前述の通り、Ripple Labs, INC. はもともと、ビットコインを扱っていて、通貨のいいところ悪いところに熟知しており、その上でリップルトランザクションプロトコルというIOUのしくみと、これを運用するための仮想通貨XRPを開発し、世に出し

ました。ビットコインのいいところ、悪いところが分かった上での動きだと思います。

次章で紹介する新しい仮想通貨「フュージョンコイン」の開発者も、仮想通貨に関しては、日本ではかなり早い段階で購入・運用し、調査研究を進めていました。そのなかで、いいところ、悪いところを目の当たりにしてきたのです。

ビットコインの良さである発行枚数が限定されるという点、リップルの良い点であるトランザクションスピード、それを両方兼ね備えたのがフュージョンコインといえます。次章でその特徴を詳しく解説します。

コラム　日本にビットコインを広めた人物1

あるビジネスのエージェント・R氏は、21歳のときに、米国でパソコンの部品を作ってネット上で売る会社を立ち上げ、世界中にメモリなどの部品を売っていました。自分自身、世界中の国に出向き営業をしてまわっていましたが、ひとことでいえば、パソコンマニアです。

たまたまネット上でナカモトサトシの論文を目にし、彼は驚愕しました。あまりの革新的な理論に、彼は「3日間熱を出して寝こんでしまった」そうです。そこから本格的にその理論を勉強し、自分でもマイニングするとともに、世界中で啓蒙活動を始めました。

彼自身、アメリカの政府が行う規制に快く思っていなかったところもあり、国家の金融システムに対するアンチテーゼともいえるビットコインの理論が、彼にフィットしたのでしょう。そんな意味もあり、本国から離れ、アジア、とくに日本での布教に努め始めたのです。

日本で開催したビットコインを広めるために、彼は月1回のミーティングをカフェなどで開催し、ビットコインの説明、周囲の人への普及方法などを講義しました。こうして多くのビットコインミリオネアを日本で生み出したのです。

現在でも、彼はビットコインの崇拝者ですが、実はそこまで積極的にはなっていません。ビットコインの悪いところも分かっているからです。

私たちから見れば、ビットコインの先駆けと言える人だと思いますが、彼からすると、「自分も遅い」といっています。しかし、それを世界のいろいろな国で広めた一人は彼だと言えると思います。

コラム　仮想通貨で世界の旅を

ビットコイン長者となり、海外旅行三昧の日々を送っている人もいます。

ある仮想通貨運用会社社長のＪ氏はフランス人です。若いころから日本の文化に親しみを持ち、日本での仮想通貨紹介の仕事をしていました。

彼が勤める会社では、そもそもビットコイン草創期に、日本でビットコインを広めるサービスをおこなっていました。日本では、当時マウントゴックスでしかビットコインが買えませんでしたが、ここのサービスはあまり満足できるものではなく、ユーザーにとって使い勝手が非常に悪かったので、ビットコイン普及の障害になっていました。買いたくても買えない人がたくさんいる、この状況をなんとか払拭しよう、日本で仮想通貨を広めようと、初期の段階に頑張っていたのがＪさんです。彼自身もビットコインを買っていて、私たちが知っている中ではビットコインで最も多くの利益を手にした人物です。

彼は現在、仕事をしながら、世界中を旅しています。ビットコインで得た利益すべての旅に使うつもりです。

ヨーロッパ全域から、中米、南米まで・・。旅をしながらいろんなコネクションを作って、あらたな仮想通貨の普及に奔走しています。

仮想通貨の仲間は世界中にいます。みな、共通項があるのですぐ仲良くなり、その国の様々なことを教えてくれるので、すごく便利なのです。

彼は非常にフットワークの軽い人物です。彼は、行きたいと思った国があると、そこに住んでいるビットコイン仲間に「俺、行くよ」とメールします。するとすぐに「おいでよ」と返事が返ってきます。そして、1日もたたないうちに向こうにいるのです。「キプロスに行ってくる」と連絡があったかとおもうと、12時間後にはもう向こうにいます。

第４章
次世代の仮想通貨フュージョンコイン

ビットコイン、リップルの問題点

ビットコインには、開発から現在にいたるまで、そのトランザクション（取引）スピードがどんどん遅くなってきているという問題があります。ブロックチェーンのしくみを適正に保持するために、ビットコインは世界6か所のサーバーで処理されていると言われますが、取引が増えれば増えるほど、演算処理が膨大になり、当初でも15分程度かかっていた決済が、現在2時間もかかる、というような事態が起こっています。これではとうてい、実用的とは言えません。

おまけに、ビットコインは発行主体がありませんから、世界中の人がその問題点に気づいていながらも、メンテナンスや改良などに手を出すことができない、という状態が続いています。

ビットコインのこうした課題を解決する意味で開発されたのがリップルですから、トランザクションのスピード問題は解消されています。また、主体がありますから、メンテナンスも可能です。

しかし、リップル通貨（ＸＲＰ）は、すでに１０００億枚が供給されています。これが何を意味しているかというと、「投機的な側面では魅力が薄い」ということになります。

第2章で、仮想通貨の魅力は、金融商品としてハイリスク、ハイリターン、つまり安く買い、価格が急上昇したところで売れば、大きな差額を得られるという点にあることを説明しました。

供給枚数が増えれば増えるほど、これが起こりにくくなります。たとえると「おいしい料理」に対するニーズが強く、それを提供するお店が都内に1軒しかなければ、たちまち行列ができるでしょうし、「店を貸し切ってでも」と、大枚をはたくお金持ちも登場するでしょうが、同じような店が１００軒あれば、そんなフィーバーは起こりませんし、価格の上下動は少なく推移していくことでしょう。それと同じです。

つまり、リップルはその供給枚数の多さのゆえに、下落のリスクも少なければ、高騰の可能性も低い、仮想通貨の中では「ローリスク、ローリターン」に寄った商品と言えるかもしれません。

投資の世界では、こうした価格変動比率の高さをボラリティ（ボラ）と言います。価格変動が大きいことを「ボラが大きい」と言い、投機的な意味合いでは、大きな利益が得られる可能性がある事を意味します。

そういう意味で言うと、リップルは、ボラリティが低く、投機対象としては魅力的であるとは言えません。

本章で紹介するフュージョンコインは、ビットコインのトランザクションスピード、リップルの「ボラの小ささ」を解決できる仮想通貨といえます。

ビットコインとリップルの問題点

ビットコインの問題点

▶トランザクションが増え、サーバーに大きな負荷。決済に極めて長い時間がかかる。

▶発行主体がないため、上記のような問題点があってもメンテナンスを行う体制がない。

▶発行主体がないため、大手金融機関などとの提携やアライアンスができない。

リップルの問題点

▶発行枚数が 1000 億枚と大量であるため、ボラリティが起こりにくく、投機的な旨みに乏しい。

コラム　フュージョンコインが生まれた背景

世界と比較すると、市場に流通しているという視点で見れば、日本発の仮想通貨というものは正直、あまりありません。

代表的なものに「モナーコイン」というコインがあります。これは、巨大掲示板「2ちゃんねる」に集まるエンジニアたちが仮想通貨の存在を知り、「海外の国でできるなら、日本でもできるだろう」という発想で作り始めた仮想通貨です。モナーコインの「モナー」は、2ちゃんねるのアスキーアートキャラクター「モナー」からきています。元ライブドア社長の堀江貴文さんが普及に携わり、日本発のものとしては最も有名な仮想通貨となりました。

とはいえ、日本はまだまだ世界に立ち遅れています。ナカモトサトシの理論から始まったビットコインの理論、ナカモト氏が本当に日本人かどうかはわかりませんが、仮名にしても日本人がつくったという「設定」ではじまった仮想通貨の理論です。フュージョンコインの開発者達は、「ここで日本人が動かなければどうするんだ」と思ったそうですが、実際には日本は2年も立ち遅れているといっていい現状です。実際、私たちが海外の人と話をしても、「日本は遅れてる」「なぜ日本人は仮想通貨を買わないのか?」と不思議がられているほどです。「日本からもっと発信し、仮想通貨文化を深く根付かせなければならない」と思いますが、フュージョンコインも、そういった思想のもと生まれたと開発者達は言います。

もちろん、日本国内だけで流通するのでは意味がありません。フュージョンコインも、最終的には世界中で使われることを前提に開発し、それを目指してプロモーションが進められています。発行や販売、普及、利用しやすい環境づくりも含めて、きちんとしたものを作って、日本初、世界ナンバー1の仮想通貨を育てる、というのがフュージョンコインの思想です。

リップルと連動して運用、しかしその後、価値は上がる

新しい仮想通貨フュージョンコインの価格は、「当面は」リップル（XRP）の価格と連動して運用されます。フュージョンコイン自体はリップルプロトコルに基づいたIOUを採用しているため、その価値はリップルと同価値で推移します。同じ100万円なら100万円のリップルと同じ、という意味です（厳密に言うと違いますが、本書ではわかりやすく説明しておきます）。ということは、リップルが上がればフュージョンコインの価値も自然に上がるということです。

大きな違いというのは、前述の通り、リップルの1000億枚と違って、フュージョンコインは発行枚数をぐっと絞っているところです。

リップルは発行枚数が大きいため、ボラリティは低いということはすでにお話しし

リップルとの連携

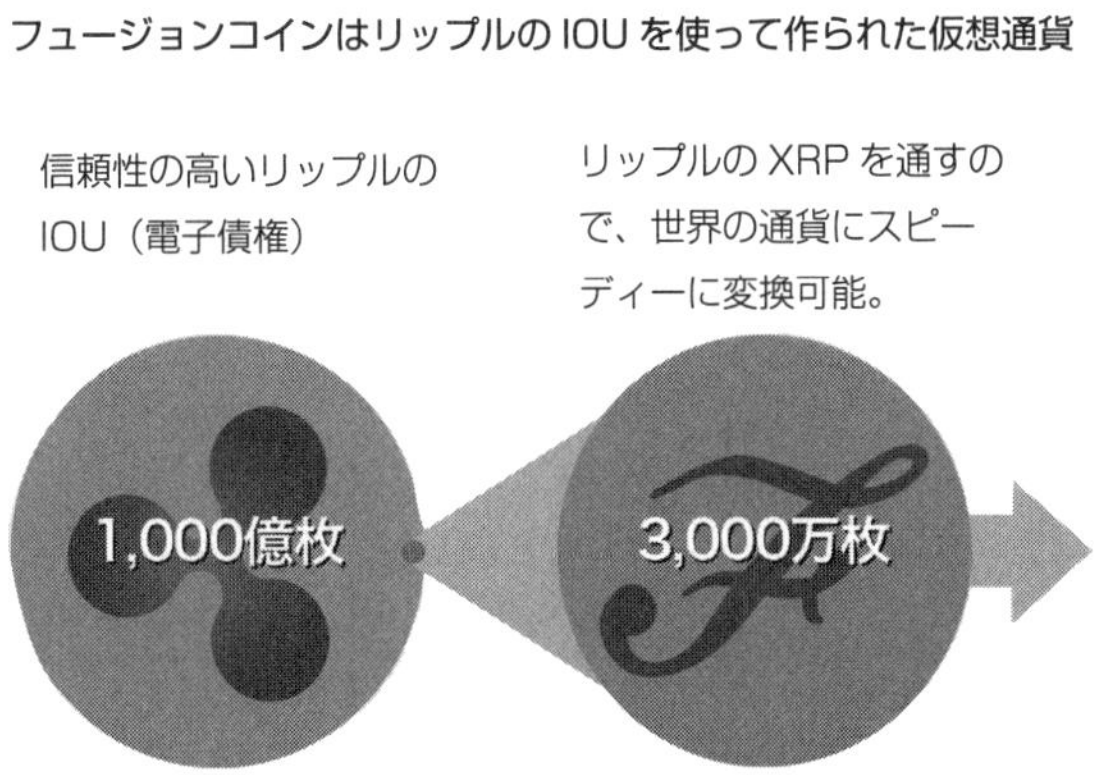
フュージョンコインはリップルのIOUを使って作られた仮想通貨
信頼性の高いリップルのIOU（電子債権）
リップルのXRPを通すので、世界の通貨にスピーディーに変換可能。
1,000億枚
3,000万枚

ました。したがって、フュージョンコインも、リップルのＩＯＵと連動している限り、大きく下がることもなければ、大きく上がることもないのです。そのまま運用を続けてしまうと、フュージョンコインもボラリティの低い仮想通貨、ということになってしまいます。ですから、ある段階でここを切り離します。リップル自体も今後の価値上昇が期待されていますので、計算上でいえば、リップルと同じように値段が上がると、上がっていくと、３３００倍の違いが出てくることで、一気にボラリティが発生するのです。

最初はリップルと連動しておいて切り離す

フュージョンコインの運営者にインタビューしたところ、まず、総量３０００万ＸＦＣ（フュージョンコインの単位がＸＦＣです）のすべてを市場に出したいと考えていると言います。そこで市場内での取引が始まり、いわゆる買いたい人、売りたい人どうしの交換が発生するところで、取引レートが上がっていきます。参加者がどんどん増えていくことによって値段は上がっていきます。まずその市場を作ることが第二ステップであると、運営者は話します。

第三ステップでは、独自のレートで価格変動が起こります。ＸＲＰと切り離すことによって、ＸＦＣの価値は独自性を持ちはじめます。ＸＦＣが一人歩きして勝手に値段が上がっていき、勝手に膨らんでいくというのが運営者の構想です。そうなると、

１ＸＦＣが10ＸＲＰになっているかもしれません。どれだけ価格が伸びるかは私たちにもわかりませんし、もちろん逆もありえます。

フュージョンコインの運営者は、ＸＦＣをマーケットに全部発行し、市場が活性化された時点でこの切り離しを実行しようと考えています。口座数が増えて取引の量が増えてから切り離したほうがもっと口座数が増える可能性があるからです。

市場が拡大し取引が活性化するためには、もちろん、日本だけの流通ではだめで、世界中が知ってもらわないとなりません。コラムでも述べたように、日本人が想像している以上に、海外では仮想通貨に対する理解が進んでおり、新しい通貨が出ると、とりあえず買い、動向を見ながら買い足していくという人が多いのです。買う人たちは、仮想通貨に抵抗のない個人や、ファンド会社などさまざまです。

このように、世界が買う準備は整っていますから、あとはこのＸＦＣが市場性を持ち、取引が盛んに行われるようになりさえすれば、世界に浸透していくことは比較的容易と言えます。

枚数を限定しているからボラリティが上がる

フュージョンコインの発行元であるFusion Partners PTE LTDは、２０１５年5月頃から、まずは身近な人たちからセミナーを開催し、販売を始めました。現在、除々に販売のスピードを上げていこうと動いている段階で、計画では今年の夏までに３０００万枚を全部発行したいと目論んでいるそうです。もちろん、ＸＲＰと同じく、マイニング型ではありませんので、法定通貨との交換で入手することになります。

現在、１ＸＦＣが約１・９ドルなので、約２００円だとすると、総額約60億円ぐらいの市場ですが、今後ユーザー数と市場規模を拡大してそこからアクティブに市場公開していくことで、より活性化されていくというイメージです。２０１６年4月現在、日本円で約5億円を販売済みで、今後さらにスピードをあげていく予定とのことです。

フュージョンコインが目指す３ステップ

STEP 1

販売スタート

口座数・販売額を増やし、市場をアクティブ化へ

2016年５月

▼

STEP 2

ripple chartへ参入

XRPと連動し価値を上昇させることで市場を活性化へ

2016年12月

ここで3000万枚売り切る

▼

STEP 3

フュージョンコイン独自チャートへ

単独マーケットとして稼働させる。ボラリティが大きいトレードが可能に。

購入した額以上の値段で売る

現金化できる通貨は限られている

どんな通貨もそうですが、いくら価値があっても現金化ができなければ全く意味をなしません。「Crypto-Currency Market Cap IT alizations」（https://coinmarketcap.com）をみると、２０１６年6月現在、６００種類以上の仮想通貨が流通していますが、それらすべてが現金化できるとは限りません。

たとえば1コイン＝10米ドルという交換レートの仮想通貨があったとしましょう。名目上の価値がいくら10ドルでも、この通貨を現金化するためには、「買いたい」という人が現れなければなりません。それが「相対取引」というものです。

この、実際にやりとりが行われるマーケットをいかに作るかが重要なのです。

海外の仮想通貨ネットワークに精通しているFusionPartnersでは、現在海外の取

Market Cap -　Trade Volume -　Other -　Search Currencies

All Currencies

All -　Currencies -　Assets -　USD -　← Back to Top 100

#	Name	Symbol	Market Cap	Price	Available Supply	Volume (24h)	% 1h	% 24h	% 7d
1	Bitcoin	BTC	$ 7,082,516,926	$ 455.65	15,543,800	$ 40,029,800	0.07 %	-0.19 %	-0.69 %
2	Ethereum	ETH	$ 830,079,512	$ 10.37	80,022,318	$ 20,519,500	1.35 %	-1.25 %	11.08 %
3	Ripple	XRP	$ 211,442,975	$ 0.006064	34,868,679,462 *	$ 241,504	0.08 %	-0.84 %	-6.51 %
4	Litecoin	LTC	$ 183,855,396	$ 4.02	45,780,726	$ 1,969,040	0.37 %	1.58 %	1.86 %
5	Dash	DASH	$ 44,441,307	$ 6.89	6,448,180	$ 201,954	0.06 %	-0.60 %	4.43 %
6	Dogecoin	DOGE	$ 24,160,189	$ 0.000232	104,331,219,092	$ 131,404	-0.07 %	-1.47 %	4.04 %
7	MaidSafeCoin	MAID	$ 22,760,173	$ 0.050293	452,552,412 *	$ 185,261	-0.12 %	-5.07 %	-1.99 %
8	DigixDAO	DGD	$ 21,950,000	$ 10.97	2,000,000 *	$ 47,894	-0.10 %	-14.59 %	-12.58 %
9	NEM	XEM	$ 12,916,890	$ 0.001435	8,999,999,999 *	$ 24,741	0.54 %	-5.97 %	-7.70 %
10	FedoraCoin	TIPS	$ 10,520,635	$ 0.000025	422,269,563,813	$ 39,901	0.22 %	-7.08 %	12.47 %
11	Monero	XMR	$ 9,784,021	$ 0.825368	11,854,132	$ 21,378	-0.20 %	-2.23 %	-4.00 %
12	Stellar	XLM	$ 9,723,257	$ 0.001772	5,485,679,598 *	$ 5,277	-0.01 %	-0.06 %	-2.76 %
13	Steem	STEEM	$ 9,690,591	$ 0.344876	28,098,770	$ 5,587	-0.61 %	-11.51 %	6.69 %
14	Factom	FCT	$ 9,427,479	$ 1.08	8,753,219 *	$ 91,266	0.25 %	-1.52 %	-1.90 %
15	Peercoin	PPC	$ 9,414,546	$ 0.407070	23,127,585	$ 15,841	0.18 %	-1.68 %	-5.17 %
16	BitShares	BTS	$ 9,206,119	$ 0.003600	2,556,950,000 *	$ 97,747	-0.18 %	0.97 %	-8.21 %
17	Synereo	AMP	$ 8,532,641	$ 0.046172	184,800,000 *	$ 15,846	-0.07 %	-5.88 %	-4.91 %
18	Voxels	VOX	$ 8,313,869	$ 0.263933	31,500,000 *	$ 116,670	-1.16 %	136.85 %	86.98 %
19	YbCoin	YBC	$ 6,719,376	$ 2.23	3,008,182 *	$ 501,563	0.00 %	-0.49 %	1.40 %
20	Bytecoin	BCN	$ 6,638,897	$ 0.000037	180,146,824,004	$ 1,741	-0.61 %	-2.27 %	10.59 %
21	Nxt	NXT	$ 6,442,861	$ 0.006443	999,997,096 *	$ 13,508	0.00 %	0.86 %	-4.10 %
22	Emercoin	EMC	$ 6,255,717	$ 0.165890	37,710,031	$ 8,375	-0.86 %	-6.85 %	-16.19 %
23	Namecoin	NMC	$ 5,984,476	$ 0.418628	14,295,450	$ 14,080	-0.60 %	-1.27 %	-3.15 %
24	Feathercoin	FTC	$ 4,771,994	$ 0.026021	183,390,800	$ 9,408	0.01 %	1.54 %	-32.64 %
25	Agoras Tokens	AGRS	$ 3,892,518	$ 0.092679	42,000,000 *	$ 412	0.07 %	-3.10 %	-12.18 %
26	Counterparty	XCP	$ 3,672,839	$ 1.40	2,627,247 *	$ 10,164	2.00 %	-1.02 %	21.15 %
27	Xaurum	XAU	$ 3,576,380	$ 480.88	7,437	$ 1,749	0.06 %	0.74 %	-0.36 %
28	SysCoin	SYS	$ 3,411,854	$ 0.007958	428,751,485	$ 25,795	-0.54 %	-4.56 %	-12.88 %
29	Storjcoin X	SJCX	$ 3,308,604	$ 0.066816	49,518,143 *	$ 28,702	-4.00 %	6.54 %	27.23 %
30	Rubycoin	RBY	$ 3,234,177	$ 0.140419	23,032,330 *	$ 47	1.25 %	0.02 %	3.95 %
31	VPNCoin	VPN	$ 2,968,944	$ 0.007416	400,339,746 *	$ 16,844	-0.81 %	0.98 %	-12.03 %
32	GridCoin	GRC	$ 2,890,058	$ 0.007684	376,124,478	$ 669	-0.79 %	0.39 %	2.41 %

引所を準備しており、公開後に取引をマッチングしたり現金化できる仕組みを整えています。また、リップルが銀行で仮取引されるようになった場合に、いずれそれの交換対象としてフュージョンコインも取引されるようになることを目指しています。フュージョンコインからリップルに換えることはもちろん、ビットコインにも換えられる取引所も用意しています。ＳＳＬ（ＩＴの分野で世界標準として活用されているのセキュリティー技術）を取得してセキュリティーを整え次第の開設となると、運営者は語っています。

フュージョンコインの価値を高めるための施策

① リップルとの連携
② 自前のゲートウェイ
③ デビットカードの発行
④ 海外支店

ものを買うわけではない。移すだけ

フュージョンコインの運営者はこう話しています。

「現在フュージョンコインの購入は、セミナー上では2万円からと説明していますが、投機目的の人がほとんどの中、2万円買ったら10倍になっても20万。１００倍でも２００万、いくらボラリティが高くても、この規模だと投機の旨みがあまり大きいとは言えません。ですから『最低１００万ぐらい買っておいたほうが面白いですよ』という説明をしています。平均で２００万円くらい、なかには１０００万円購入されるお客様もいらっしゃいます」

ここは考え方のリセットを行う必要があると私たちも思っています。通常の投資商品であれば、金額が大きくなればなるほどリスクもあり、また預けたお金は自分の自由にならないというのが普通ですが、仮想通貨は違います。ですから、仮想通貨を買うというのは、何かものを買うだとか、仮想通貨の会社にお金を投げて運用を任せる、というイメージではなく、たとえると自分名義の銀行口座に円を移す、みたいなイメージが近いと思います。たとえば、ゆうちょ銀行にある1000万のうちの、500万円を「フュージョン銀行」のウォレットに移すというイメージです。

また、支えるしくみが充実している点もこの仮想通貨の魅力です。デビットカード（予定ではVISAカード）と提携し、取扱店ではどこでも円などと同じように活用できる形を計画しているそうです。60億円分のXFCを売り切ったタイミングで契約し、カード発行まで行ければ、と運営者は話しています。

売却のタイミングを見計らいながらでも、その口座から買い物だってできるのです。「金利ゼロの時代に、普通預金で預けていても利子はほぼゼロです。定期預金だとその間使うことができません。投機的な旨味をもちつつ、日々使うことのできるウォレットに半分でも入れておきませんか？　とセミナーなどで説明すると、みなさんとても納得されます」という担当者の話もうなずけます。

世界中に広めるための戦略

仮想通貨は日本で使われるだけでは意味がありません。世界中の人に活用され、取引されることでこそ、大きな市場を手に入れることができるのです。

そういう意味で、フュージョンコインも海外市場への展開を考えています。最初はヨーロッパの幾つかの国、そして、アジアでは韓国、香港、アジア、香港、シンガポール。といった国々です。

なぜまずヨーロッパなのか。仮想通貨の取引は、どちらかというと、アメリカのほうが盛んかもしれません。ただ、新規の立ち上げを行う上でなにかと規制が厳しく、計画を前に進めていくのにはリスクがあります。したがって、まずヨーロッパから広めていこうという考えには、私たちも賛同できます。

運営者の説明では、すでに「フュージョンコインを取り扱いたい」という販売店が手を上げてきているそうですが、まだオープンしてないので、待ってもらっているという段階だそうです。

まず日本国内で60億全部売りきり、オープンし次第、日本で醸成したフュージョンコインのマーケットからコインを買ってもらい、ヨーロッパの代理店として、営業活動を通じて広めてもらおうという考えです。

この構想が成功するためには、まずは日本で成功しなくてはなりません。

さて、フュージョンコインが、どこまで値をあげるか？　読者のみなさんはそこに最も関心があると思います。

リップルとフュージョンコインの発行枚数（希少価値）の対比で考えると、理論上では対リップルで最大３３３倍の価値の上昇が認められるはずです。仮に円でリップル（ＸＲＰ）が1円玉だとすれば、フュージョンコインは３０００円札ということです。

もちろん理論上ですから、そうなるとは断言できません。実際にそこまで伸びるか

発行枚数によるボラリティの差

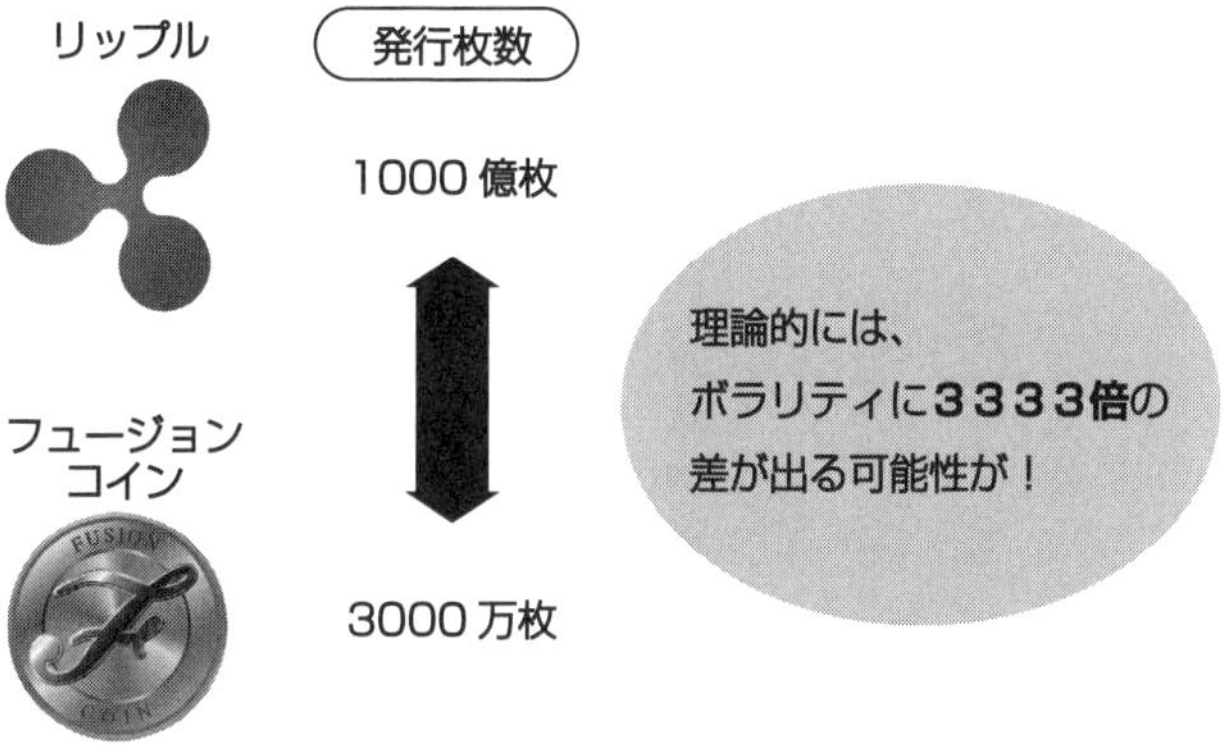
リップル
発行枚数
1000億枚
フュージョン
コイン
3000万枚
理論的には、
ボラリティに3333倍の
差が出る可能性が！

どうかは、フュージョンコインが市場にどう受け入れられ、世界中の多くの人に活用されるかにかかっています。

何年後に目標値に到達するか、どのような上昇カーブを描くかも、未知数です。しかし、リップル自体がリアルな金融機関での取り扱いも本格的に始まり、価値上昇が確実視されている通貨です。そのブースターを乗せて市場を醸成し、そこから約3000倍のボラリティをもって独り立ちするのですから、その角度はリップルよりも急になる可能性が高いと想像できます。

フュージョンコインを手にいれる

ここでは、実際に、フュージョンコインを使うまでの手順を説明します。

□フュージョンコイン口座開設方法

①

http://www.fusioncoin.net

にアクセスします。

そうすると、フュージョンコインのトップページが表示されます。

②画面右上の「ユーザー登録」をクリックします。

口座開設方法

ユーザー登録をクリック
Fusion Coin
ログイン

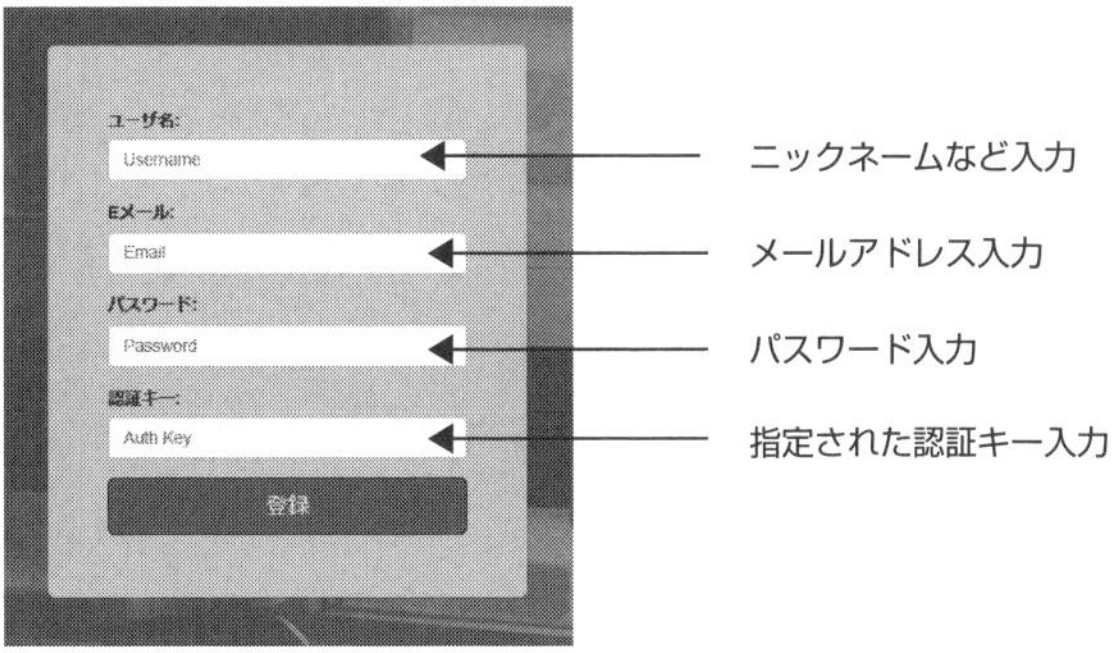
ユーザ名:
Username
ニックネームなど入力
Eメール:
Email
メールアドレス入力
パスワード:
Password
パスワード入力
認証キー:
Auth Key
指定された認証キー入力
登録

「ユーザー登録」の画面が表示されますので、「ニックネーム」「メールアドレス」「パスワード」「指定された認証キー」を入力します。認証キーがすでに入力されている場合はそのまま登録します。

③登録されると、記入されたメールアドレスあてに、アクティベートのためのメールが届きます。アクティベートとは、新規の口座をアクティブにする作業です。「ようこそフュージョンコインへ」というタイトルのメールに、「登録完了（アクティベート）というリンクが記載されていますので、これをクリックしてください。

④アクティベート後、ログインページからログインして下さい。トップページの真ん中上にある「会員情報」をクリックし、「お名前」「住所」お持ちの方は「リップルアドレス」を登録します。

これで口座開設完了です。

口座開設方法②

メールが届き次第アクティベートします。

Fusioncoin Activate
no_reply@fusioncoin.net 又は
fusion.admi@gmail.com から送信されます。
ようこそFusioncoinへ
Fusioncoinへの新規登録ありがとうございます。登録が安全に行われるようにアクティベートをお願いします。
アクティベートするには下記のリンクをクリックして下さい。
登録完了（アクティベート）
48時間内にアクティベートを完了させて下さい。そうでなければ、登録は無効になり、再登録する必要があります。

クリックしログインでアクティベート完了

▼

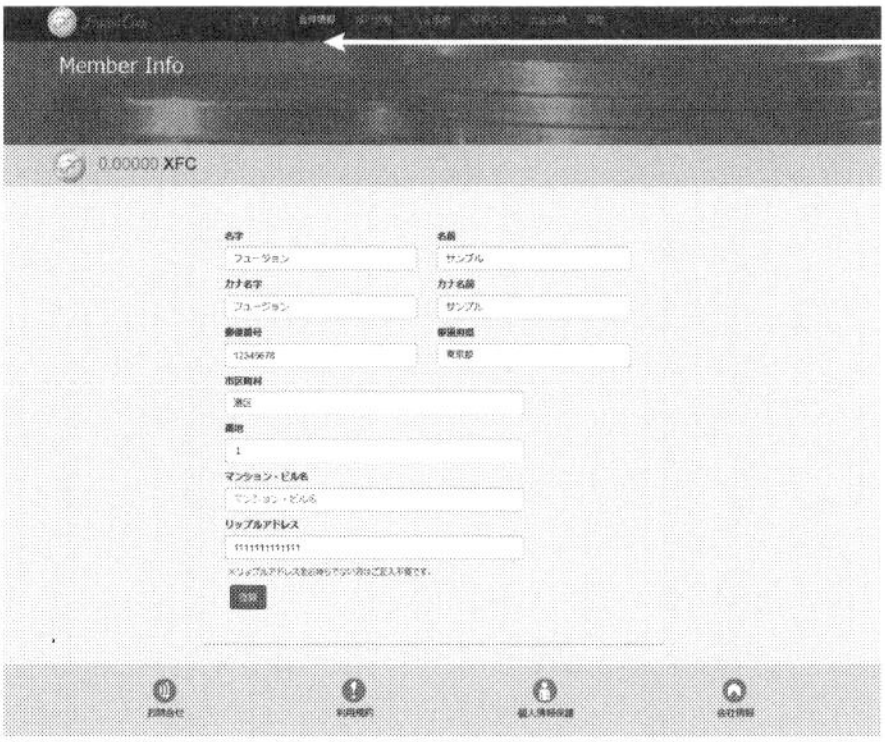
Member Info
0.00000 XFC

会員情報をクリックし、名前、住所、お持ちの方のみリップルアドレスを登録。以上で、口座開設完了。

フュージョンコインを買う

①画面上真ん中あたりの「入金依頼」をクリックします。

②「ご希望の金額（日本円）」を入力します。

すると「購入予定ＸＦＣ数」の欄に、換算されたフュージョンコインの金額が表示されます。

なお、事務手数料として２％の手数料がかかります。

入力内容がＯＫならば、「入金依頼」をクリックします。

購入方法

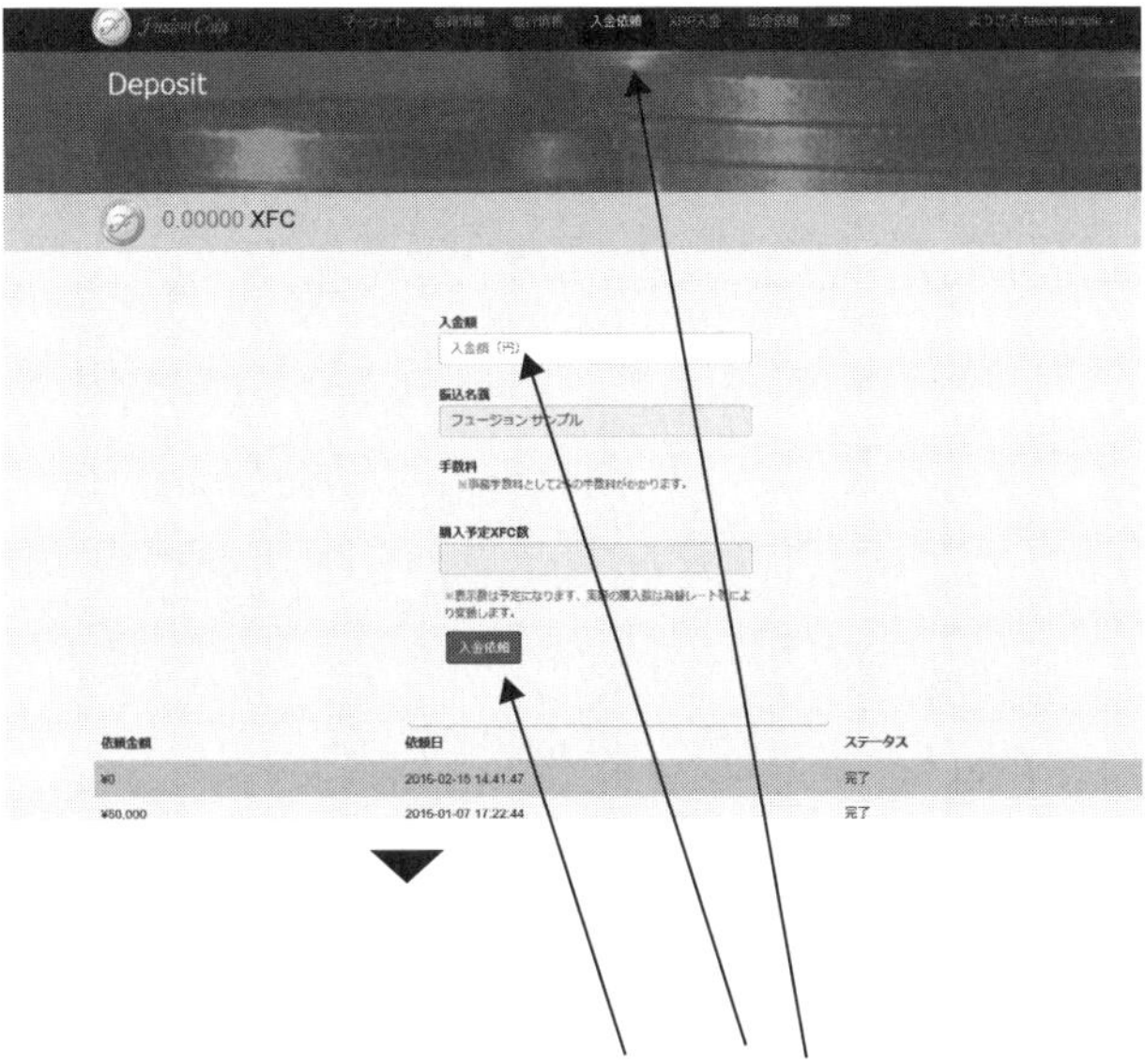

①入金依頼のページにて、入金額の欄にご希望の金額（日本円）を入力し、入金依頼をクリック。

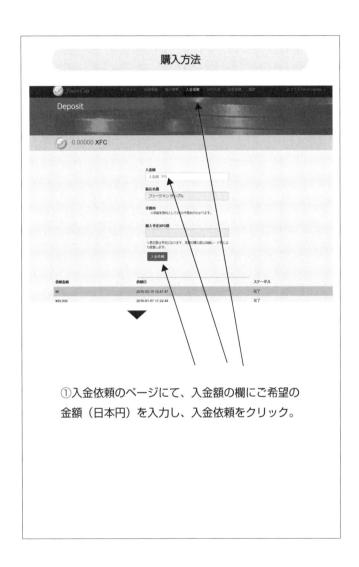

③購入金額の振込先が画面上に表示されます。同時に、メールでも振込先が送信されます指定口座に、原則4営業日以内にお振込ください。

キャンセルしたい場合は、画面下段の「ステータス」欄をクリックして、キャンセルの手続きをしてください。振込後のキャンセルはできませんので、ご注意ください。

④ステータスが官僚になると、画面左上に、所有XFC額が表示されます。

お振込後、海外送金等の手続きのために、XFCの金額がサイトに反映されるまでに約4日~10日かかりますのでご了承ください。

購入方法②

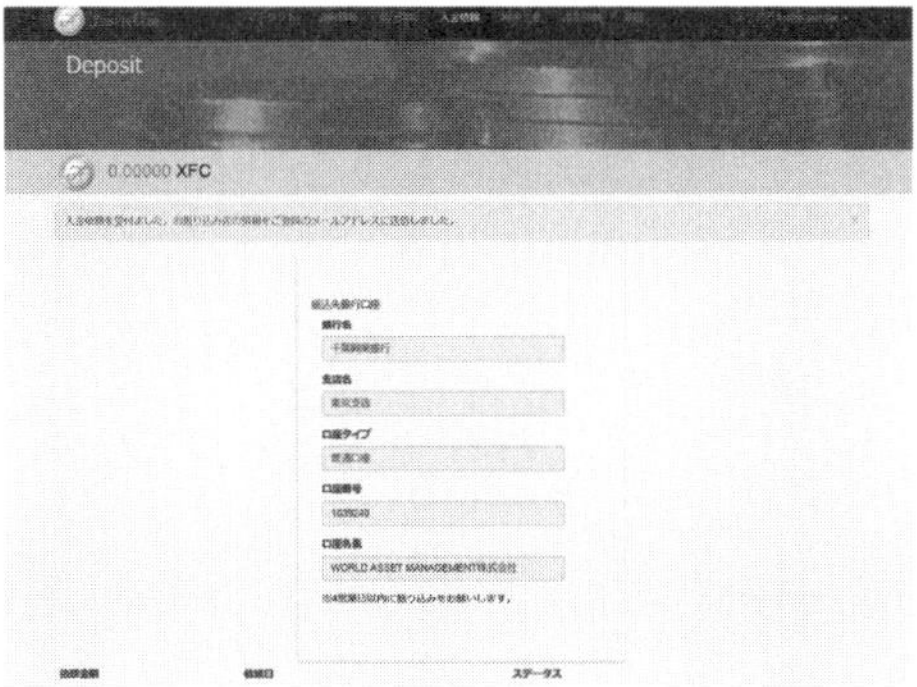

Fusioncoin 入金依頼を受付ました

Fusioncoin　入金依頼

入金は下記の口座までお願い致します。入金を確認後にお客様の口座へXFCを反映させて頂きます。海外送金等の諸手続きがある為、XFC反映まで１～２週間程お時間がかかる場合もございます。ご了承くださいませ。

銀行名：千葉興業銀行

支店名：東京支店

口座種別：普通口座

口座番号：1039240

振込先名義：WORLD ASSET MANAGEMENT株式会社

入金依頼額：5000000

※振込手数料はお客様のご負担になります。

②振込先が画面上に表示。又、メールでも振込先が送信されるので、指定口座に原則４営業日以内に振込む。キャンセルしたい場合は、下方のステータス欄からキャンセルが可能。（振込後のキャンセルは不可）

ＸＲＰ（リップル）での入金の場合

①画面上真ん中あたりの「ＸＲＰ入金」をクリックします。

②「送信ＸＲＰ数」を入力し、「ＸＲＰ入金依頼」をクリックします。

送信先リップルアドレスが表示されますので、送信いただくと、１～２営業日以内にＸＦＣ額として反映されます。

なお、事務手数料として２％の手数料がかかります。

購入方法③

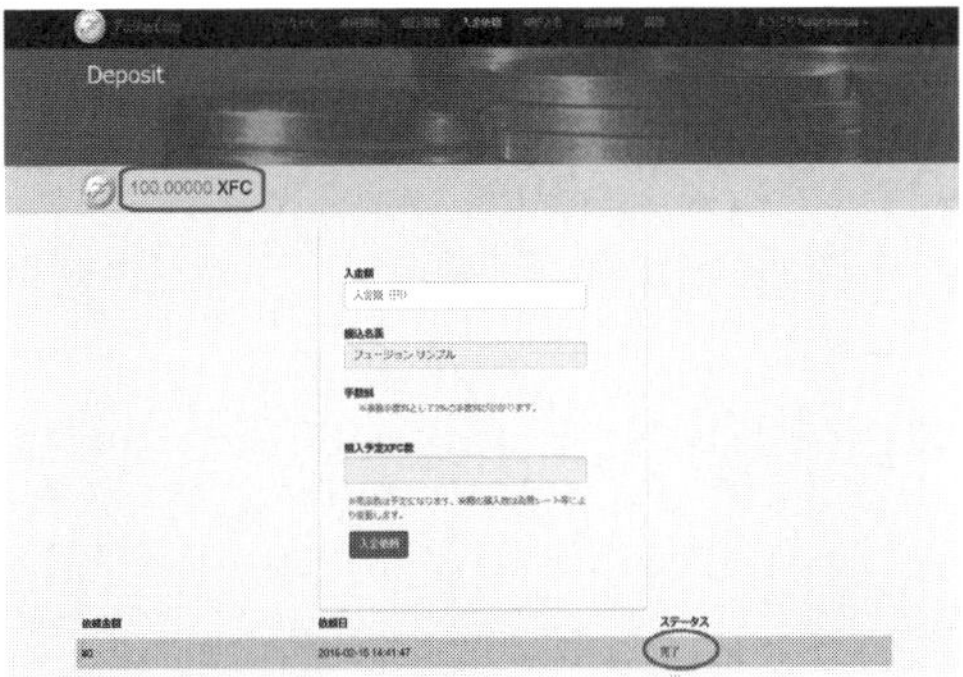

③振込後、海外送金等の手続きの為に XFC 反映まで約４～１０日程かかる。ステータスが完了になると、XFC が反映される。

※XRP（Ripple）での入金の場合

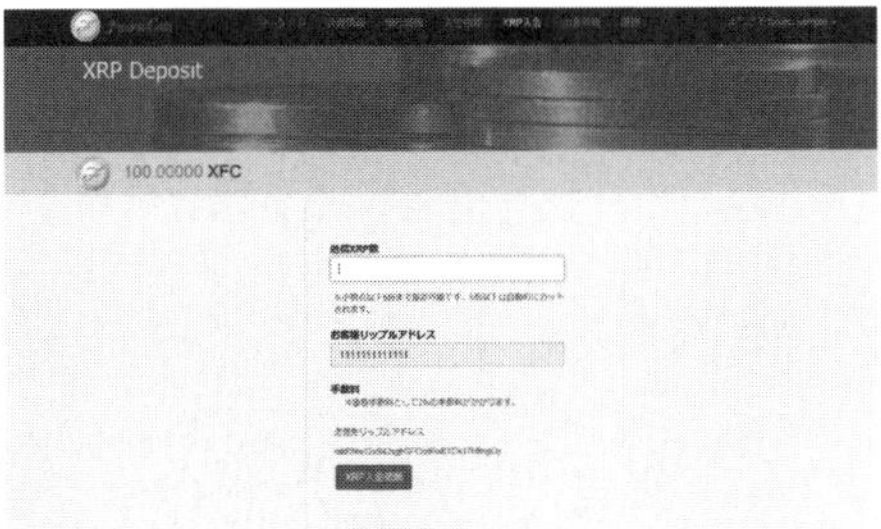

XRP 入金のページからご希望の XRP 送信数を入力し、入金依頼をクリック。指定の送信先リップルアドレスに送信頂くと、１～２営業日内に XFC が反映される。

（体験談）　子供の将来のために堅実に投資

Tさんは、元々銀行員として勤めていた女性です。その後銀行を退職し、保険会社や大使館などにも勤務し、金融のノウハウと国際的な視野を培ったのち、独立して様々な資産運用アドバイスを行うコンサルタントとして、富裕層の方々を中心に仕事をしていました。仕事のつながりでビットコインを取り扱う会社の役員と仮想通貨の話になり、説明を受けることになったのです。

最初、彼女は話を聞いても理解できなかったそうです。たしかにそれまでの概念をひっくりかえすような世界の話ですから無理もありません。ただ彼女は長い間投資商品の目利きをしただけあって、その説明の話にあった「必ずあがる」という言葉に強く興味を持ったのです。

投資話ですから、上がる場合もあれば下がるリスクもあります。そういう話で成功するのは、彼女のように前に一歩踏み出す人です。紹介を受けたその人との信頼関係と、自らの経験からくる嗅覚で、リスク承知の上で彼女はその話に乗りました。

自分のお客様を中心に、投資案件として紹介し、合計２０００万円運用するところからはじまりました。

当時１ビットコインは約８円程度でした。ところがこれがグンと値上がりしたのです。そうしてお客さんに利益を還元することで、自分も億単位のお金を手にすることができました。明るい性格でお客様からも信頼されていた彼女、自分自身だけでなく周りの人にも利益をもたらすことに成功したのです。

大金を手にした彼女がまず何をしたかというと、子供たちへの投資でした。数年前に離婚していた彼女には子供が２人いて、子供たちの将来を見据え、その資金を教育にあてることを考え、移住先として人気の高いマレーシアでの未来を見据えました。

まず上のお子さんをマレーシアに留学させました。その後、下のお子さんを留学させると同時に、自分自身も移住したのです。

彼女自体は英語が堪能だったので、日本とマレーシアを行き来しながら、日本での投資コンサルティングも行っています。彼女の話では、もちろん儲かる話ばかりではなく失敗もあるので、そんなにお金は残っていない、ということでしたが、そうやって得た利益は堅実に運用していました。

彼女は、仕事柄、お客さんの資金を運用しており、その中のひとつがビットコインでした。様々な投資案件の中で、どうしても損が出てしまうものもあります。ビットコインが大成功したおかげで、その分もカバーできたそうです。

（体験談）夢を叶えフェラーリを購入、その後・・・

大金を手にしても、使い方によっては災難に見舞われることもあります。

Ｇさんは、最初に１０００万分のビットコインを買いました。

彼女も、先にご紹介したＴさんとおなじように、保険会社出身で、投資案件についでは多少知っていました。ただＴさんと違うのは、富裕層の男性が顧客だったＴさんに対し、Ｇさんは、知り合いの主婦層に紹介を広めたところです。ビットコインは急騰し、それぞれ３億〜５億の大金を手にしました。

お客さんに利益を還元し、残ったお金が３億超えていたので大成功、と言いたいところなのですが、彼女の場合、そこで人生が狂ってきてしまったのです。

慣れない大金を手にすると、どうしても自分が今までしたくてもできなかったことを実現したいと考えます。バツイチなので独り身だった彼女は、そこでホスト遊びに走ってしまいました。性格的にどっちかというとネガティブな彼女は、自分をちやほやしてくれるホストに充足感を得ようとしたのかもしれません。一晩に500〜600万使うなどということは普通で、あげくには、ホストに約4000万のフェラーリを買ってあげたりしたのです。

また彼女には、人をすぐ信用してしまう部分がありました。ひとたび仮想通貨で成功してしまったものですから、これに味をしめて別の仮想通貨に走ってしまいました。これはダイヤモンドを保証につけた仮想通貨でしたが、実はまったく現金化できない代物で、あらゆる理由をつけて換金を拒むような会社でした。いってみれば、完全なる詐欺だったのです。

そうこうしているうちに、得た大金はすべて失ってしまいました。ビットコイン長者になってからたった2年です。

これからみなさんが仮想通貨で儲けたとしても、こういう点には注意したほうがいいと思います。

第5章
仮想通貨投資で儲けるコツ

仮想通貨のリスクを知る

仮想通貨に限らず、どんな金融商品にも特有のリスクが存在しています。

投資は「自己責任」が大前提です。どんな失敗をしても責任は自分自身が被るしかない以上、仮想通貨のリスクについても事前にしっかり情報収集したうえで、投資するという判断を下さなければなりません。

仮想通貨が抱えるリスクの第一は、大きく稼げる可能性がある反面、大きく損する可能性もあるということです。

それは、市場に参画して仮想通貨1年足らずでミリオネアになれるかもしれませんが、同時に仮想通貨につぎ込んだ資産を全て失う可能性もゼロではない、ということです。

こうしたリスクのある金融商品に投資をするときは、「小さく始め、分散投資を心がける」のが鉄則になります。

加えて、仮想通貨特有のリスクとしてあげられるのは、たとえば匿名性の高さからくるものです。Ｐ２Ｐと呼ばれる通信方式を採用し、仮想通貨のユーザーどうしが身分を隠したまま取引ができることから、犯罪組織がマネーロンダリングに利用することも考えられるのです。国が法規制の検討を余儀なくされたのは、この部分です。逆に言うと、法規制が強固になることで、善良なるユーザーにとっては安心できる環境が整うということでもあります。

また、仮想通貨は全てがインターネット上で運営されているため、ハッカーの攻撃にさらされるリスクが存在しています。

もちろん、仮想通貨を扱う多くの取引所やサービスはそのリスクからユーザーを守るため、セキュリティには万全を期しています。

しかし、仮想通貨市場の急成長にともない生まれた小さな取引所、小さなサービスのなかには、セキュリティへの投資が追いついていないところもあるようです。

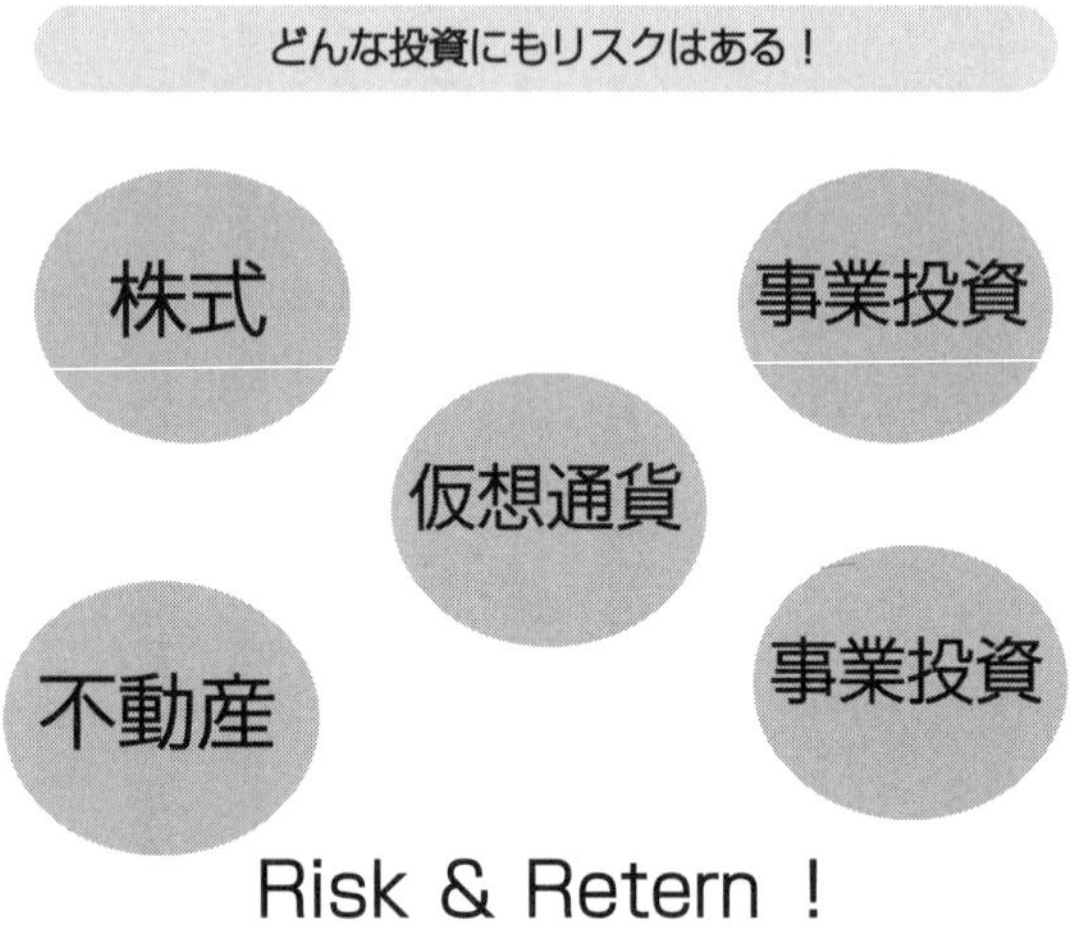
どんな投資にもリスクはある！
株式
事業投資
仮想通貨
不動産
事業投資
Risk & Retern ！

そのほか、ハッキングが原因と思われる取引の遅延や一時停止、それをきっかけとした仮想通貨価格の乱高下などが、たびたび噂されてきました。ビットコインのような、確固とした発行体、管理者が存在しない仮想通貨では、一度攻撃を受けると脆さを見せることがあるようです。

　こうした現状を踏まえて、各社ともセキュリティ強化を急いでいます。今後はセキュリティを完璧に整えた「仮想通貨の保管所」のようなサービスも現れると予想されます。

仮想通貨のリスクを少なくする方法

あらゆる金融商品に言えることですが、仮想通貨でさまざまなリスクを回避するには、「小さく始めること」に尽きます。

つまり、最初は「これなら失っても大丈夫だ」と思えるような金額の範囲で仮想通貨を買ってみるということです。その金額は人によって異なりますが、１つの尺度として、今の自分の年収がカットされたとき、いくらまでなら我慢できるか、考えてみるといいでしょう。

たとえば、年収１０００万円の人なら50万円分買ってみてもいいかもしれませんし、逆に年収３００万円だったら50万円は苦しい出資になるかもしれません。

投資は、元手をかけるほどに当たったときの見返りも大きくなります。そのため、財産のほとんどを1つの金融商品につぎ込もうとする人が絶えないのですが、これは非常に危険なことです。

どれだけ有望な金融商品で「数倍に値上がりする可能性がある」などと予測されていたとしても、それはあくまで可能性に過ぎません。仮想通貨ですら価値がゼロになるリスクはいつもついて回ります。もし、財産のほとんどをつぎ込んだ金融商品が暴落したら、大もうけどころか破産の危機です。だからこそ「小さく始める」ことです。万が一、価値がゼロになったときも大きなダメージを負わなくて済む額から、仮想通貨との付き合いを始めてみるのです。

「小さく始めたら、大きく儲けられないじゃないか」と心配される人もいることでしょう。そんな人は、仮想通貨はもともと「ピザ2枚分の仮想通貨が数億円の価値を持つようになった」金融商品であることを思い出しましょう。ほかの金融商品ならともかく、伸び盛りの仮想通貨であれば、小さく始めても十分に儲けられる可能性が残されています。

また、「分散投資」の考え方も理解しておきましょう。投資の世界には「1つのカ

仮想通貨投資のリスクを減らすポイント

◎小さく始めること

最初は「これなら失っても大丈夫だ」と思えるような金額の範囲で仮想通貨を買ってみる。

▼

「今の自分の年収がカットされたとき、いくらまでなら我慢できるか？」

◎「１つのカゴにすべての卵を盛るな」

１つの銘柄に全予算を投じるとその株が０円になったとき資金が尽きてしまう。しかし複数の銘柄に投じておけば、１つの株が０円になっても資金の大部分は守られる。

▼

分散投資を心がける！

ゴにすべての卵を盛るな」という格言があります。1つの銘柄に全予算を投じるとその株が0円になったとき資金が尽きてしまう。しかし複数の銘柄に投じておけば、1つの株が0円になっても資金の大部分は守られます。このように資産を複数の金融商品に分散させることを分散投資といい、あらゆる投資における鉄則とされています。

仮想通貨を買うときも分散投資は常に意識するべきです。一つの仮想通貨にのみ集中投資するのではなく、見込みがあると思ったさまざまな仮想通貨にも分散して投資をするのです。

ここでのポイントは、仮想通貨は株や債券と違った値動きをするということです。現在の傾向として、景気が悪く、株価が下がり、債券の金利も下がる状況だと、仮想通貨や金の価格は値上がりするようです。つまり株や債券で損を出したとしても、逆に値上がりした仮想通貨が相殺してくれる可能性があるのです。そのとき、ある仮想通貨で損を出しても、別の仮想通貨で儲けが出る。これが分散投資の効果です。複数の仮想通貨に分散して投資をしておけば、どのような状況になっても、資産を大きく失うリスクを回避できます。

「貨幣」と認められる流れはいい風潮

今回の資金決済法の改正案で、仮想通貨が「貨幣である」と認識されたことは、仮想通貨の周辺環境にとってはいい風潮だと私は考えています。

これまで日本では、マウントゴックス事件などをはじめとして、昔からあった実体のない投資話の一つのような、ある意味「怪しい」ものとして仮想通貨やビットコインを見ていた面が強かったと思います。それがこの法改正によって、さらにあらゆる銀行が取り扱うような流れができ、良い認識が広がれば、今後購入する人も増えるわけで、仮想通貨の市民権に拍車をかけることになっていくでしょう。

このとき重要になるのは、「良い仮想通貨はどういうものか?」という眼力です。

仮想通貨はだれでもしくみさえわかれば自分で作ることができますから、すでに今でもあらゆる種類の仮想通貨が世に出回っています。しかし、そんな中で浸透するものもあれば、浸透せずなくなっていく仮想通貨もあります。フュージョンコインは、そんななかで広く浸透する通貨になっていければと思っています。

実は、仮想通貨の意識・認識については、世界に比べると日本は2年遅れていると言えます。マウントゴックス事件が起こった時から、今回の法改正までほぼ2年が経過していますが、海外では、マウントゴックス事件以前の時点で、すでに通貨と認める国もありましたし、仮想通貨で税金を支払うこともできるぐらい流通して

金融庁のお墨付きがつくということは、今までの「貨幣」としての縛りから解放された、仮想通貨ならではの利点がなくなっていくのでは？　という意見もありますが、我々は基本的に、この法制度には歓迎する考えです。いずれにしても貨幣に重要なのは流通性なので、世の中で便利なものと認識され、安全に広く運用されれば発展していくはずです。何らかの縛りで流通が阻害されるような通貨は淘汰され、本当にいいものだけが残るという形になるのは、既存の貨幣流通と同じことと言えます。

ブレイクしてからでは手遅れである

長年の歴史を持つ株式投資や金投資に比べて、仮想通貨が人々の不安を感じさせるものであるのは、無理のないことかもしれません。なにしろ、参考にできる情報はまだ限られていますし、電子マネーとして使えるお店も、日本ではようやく出始めたという段階です。金と同様に「安全資産」として評価される反面、デジタル仮想通貨ならではのリスクがあります。

しかし、かつてビットコインを購入し、いま莫大な富を得ている人たちも同じような状況に置かれていたことを忘れてはいけません。まだ新しい、未知の部分が大きい通貨であるかもしれないが、これから大きくなろうとしていることは確実。そのタイミングで参入したからこそ、彼らは大きな利益を得ることができたのです。

いつの時代も、莫大な富を手に入れられるのは、誰よりも早く意志決定し、市場のブレイクスルーに立ち会うことができた、ほんの人握りの人だけです。

「仮想通貨を買えば必ず儲かる」などと断言できる人間はどこにもいません。必ず儲かる金融商品もありません。

しかし、ほかの金融商品に比べて、仮想通貨が夢のある商品だということは、これまでのお話からご理解いただけたことだと思います。

古来から、財をなす人間には常に先見の明がありました。

巨大な金融グループを形成しているロスチャイルド家にしても、また石油王と評されたロックフェラー家にしても、彼らの発展はまず「誰よりも先に行動したこと」から始まっています。失敗するかもしれない、それでも人より一歩先に踏み出さない限り、大きな成功はあり得ない。財をなす人間は皆そのことを理解しているのです。

すでに大きな資本を仮想通貨に投じている投資家は、そうした過去の富豪たちと並ぶ存在になるかもしれません。

なかでも、ビットコイン黎明期からウィンクルボス兄弟がSEC（米証券取引委員会）に申請し、計画を進行中であるであるビットコインETF「GEMINI」は、今後の仮想通貨市場を成長させていく大きな原動力になる可能性があります。

というのも、2000年代に金市場が急成長したのは金ETFの誕生がきっかけだったと見られているのです。金ETFは金の価格に連動して値動きする投資信託です。しかも証券取引所に上場しているので、株式と同じように気軽に売買ができます。そのため金ETFは金投資の裾野を大きく広げたのです。

ビットコインETFも「仮想通貨に参画したいんだけど、どうしたらいいかわからない」という人々を市場に呼び込むだろうと期待されています。需要と供給の関係から、仮想通貨市場に参画する人間が増えれば、その他の仮想通貨の価値もさらに上がるだろうということです。

ビットコインにブレイクスルーをもたらしたキプロス危機の際も、急激な値上がりの恩恵を受けられたのは、やはり素早く行動に移した人たちだと考えられます。

「wired」は、ビットコインのモバイルアプリのダウンロードが、キプロス危機の当日に急増したと報じています。

「この現象を指摘したのは、「ＢＧＲ」のテロ・クイッティネンだった。同氏は、キプロスから預金封鎖のニュースが飛び込んできたまさにその日に、スペインのApp Storeで、３つのｉＯＳアプリ（「BITcoin Gold」「BITcoin Ticker」「BITcoin App」）がチャートの順位を大きく上げていることに気がついた。さらに3月16日には、スペインでGoogleにおける「BITcoin」の検索が明らかに急増した。当時、英国や米国などでは影響が見られなかったが、その後両国の検索も急増した」（http://wired.jp/2013/03/26/bＩT coin-spain-currency-run/）

いち早く動いた彼らにしても、まさかここまでビットコイン市場が成長するとは思っていなかったことでしょう。しかし、既存の金融商品に危険を感じてビットコインに資金を移した。それだけのことで、大きな利益を手にすることができたのです。

おすすめできない仮想通貨もある

仮想通貨投資で成功している人の中には、その資金を元手に、新たに生まれた仮想通貨に投資する人もいます。

仮想通貨の技術が世界で広く知られるようになり、登場から数年で、その存在感も信頼感も増してきました。ビットコインなどの例にあやかって、多くの新しい仮想通貨が世界中で生み出されています。

ただ、なかには、「これは止めておいたほうがいいんじゃないか」という仮想通貨もあることは否めません。

仮想通貨は、しくみさえわかれば比較的誰でもつくることができます。日本の高校生が、ビットコインの存在を知り、興味半分で自身で仮想通貨を生み出したという例もあります。

しかし、それらすべてが、創設時に、世界で広く流通するようにというゴールを目指しているわけではなさそうなのです。ビットコインの黎明期に、ギークたちがこぞってビットコインを取り扱ったように、下手をすると面白半分ででき上がったものもないとは言えません。

「創業は易く、守成は難し」といいます。しくみを作り発行することはできても、それを流通させ価値が高まるような努力、あるいは、価値の保全や不正を完全にブロックするという運営強化がなされていない仮想通貨には、投資するのは危険です。

さらには、はじめから詐欺的なグループによるものもないとは言えません。ある人は、購入した途端に、引き出すことも換金することもできなくなったうえ、サポートセンターに連絡が繋がらなくなったという被害を受けたそうです。

価値の上下動による損失リスクは、ある程度仕方がない部分はありますが、こうした「よく知らなかった」「調べていなかった」というリスクは防げるリスクです。防げるリスクはあらかじめ防いだ方がよいと思います。

お勧めできない仮想通貨

- ☑ 取引量が少ない。
- ☑ 活用手段が限られている。
- ☑ 販売の際、まったくリスクがないように説明している。
- ☑ 問い合わせ窓口やレファレンスが充実していない。

とはいえ、名の通った仮想通貨でも、多くは海外のサイトで、英語で書かれたものが少なくありません。海外への投資は、どうしてもそういうリスクがあります。英語がわからない人もいるとは思います。またインターネットやパソコンのしくみについて詳しくない人もいるでしょう。そういう方は、信頼でき、英語やＩＴが得意な人に、その内容を十分に聞いて理解することが大切です。

仮想通貨の相場を読むコツ

昔からある投資商品と比べて、仮想通貨の相場を読むノウハウを論じる本などは、世にまだ出ていないと思います。理論上も、経済の流れを見ても、仮想通貨が今後の金融の世界を大きく変え、世界的なシェアを広げていくだろうということは容易に想像はつきますが、当然仮想通貨のなかには、上がるものもあれば、下がるものもあります。また、その相場も日々連動していきます。投機的な視点で利益を得るために、どのようなことに気をつければよいのでしょうか。

一つ言えるのは、「もっと上がるだろう」と思うところで現金化する。それ以上あがるかもしれない部分に関しては諦めるという、ふんぎりです。

どこで踏ん切りをつけるかは、一概にいえません。誰が言う言葉も、あくまでも予測ですので、最終的には自分の考えで、納得した上で購入・売却した方がいいでしょう。儲けが出ているのですから、さらなる上がりが期待できるのならまた買い直すこともできるのです。ある知人は、最初はできる範囲で購入し、ある程度利益が出た時点で現金化したうえで、また上がるなと思った時に追加購入したり、別の仮想通貨を買ったりしています。

仮想通貨は、使う人が増えれば、また買う人が増えれば上がるものです。それが使う人が増えなくて上がりきらないと確かにリスクです。ビットコインの場合は、日本に広めるキーマンがいて、みんなに教えました。そして、パソコンオタクだけではなく、富裕層や主婦層など、ある程度広い層にまで浸透させることができました。

ですから、次世代の仮想通貨として本書で紹介したフュージョンコインも、やはり利用者がどれだけ増えるかというところにかかっていると思います。

現在、様々な通貨が登場してきています。これは、フュージョンコインをはじめ、新規の仮想通貨を浸透させるのに追い風になります。流れは間違いなくきていると思います。

仮想通貨の将来はどうなる？

今乱立している仮想通貨、今後どうなっていくのでしょうか。ビットコイン、リップルや、大手銀行が発行しようとしているメジャーなコインに集約されていくのか、それとも多種多様な仮想通貨に分散していくのか？

私は、分散していく気がしています。20世紀のドル絶対の世界から、世界経済圏は多極化し、覇権はユーロ、元と分散しています。仮想通貨もこれと同じ流れになると思っています。

そうなると、もちろん先発で市場優位を形成したビットコインやリップルなどのフォルダーは、有利になっていくでしょう。もちろん、フュージョンコインも先発組と言っていいと思います。

（体験談）仮想通貨で家庭問題を解決＆夢を実現

Ｚさんは、浜松でカフェをやっている女性です。

お友達が多く、ビットコインを購入したとき、彼女は問題を抱えていました。旦那さんと離婚することになり、これが訴訟に。そもそもの原因はこのカフェの経営不振でした。お店が傾いてしまったうえに離婚訴訟になってしまったのです。開店の際にお金を出したお店のオーナーが旦那さんだったので、要は、店を買い取れという話になっていました。

出資者は旦那さんとはいえ、自分が汗水たらして育ててきた夢のカフェでした。そのカフェを没収されてしまう、と一時期ネガティブになっていたのです。

幸運なことに、そのときビットコインの価値が跳ね上がりました。彼女はそのお金を使ってカフェを買い取り、離婚も円満に成立したのです。

彼女の投資額は、高額ではありません。１００万円程度です。また、購入した時期が比較的遅く、爆発的な値上がり時期は過ぎた後に購入しているのですが、それでも約２億円は手にしていると思います。

そのお金を、彼女は夢のカフェに投資しています。事業を完全に譲り受け、店舗をリニューアルしたり、従業員を雇い直したりしながら、お店の立て直しを図り、現在経営の方は順調のようです。再建資金の多くはビットコインでまかないました。それらを払っても、約３０００万円が手もとに残ったそうです。

自分の人生をやり直すために投資したというのは、堅実な使い方だったと思います。

おわりに

あなたの夢は何でしょうか?

人間誰しも、一度は叶えてみたい、やってみたい、ということがあると思います。それを叶えられるのが仮想通貨です。

世界中の国を旅してみたい、大きな事業を起こしたい、思う存分、美味しいものを食べてみたい、人によっては、一生遊んで暮らしたい、なんて思う人もいるでしょうが、普通のサラリーマン生活では、それは夢のまた夢です。

仮想通貨の場合はそれが可能になる。

コラムで紹介したように、世界中で旅をし、仕事のネットワークを広げていく人、家族の教育に投資する人、夢のカフェオーナーを実現する人もいれば、一方で、ホストにフェラーリを買ってしまい、散財する人もいます。もともとはみんな普通の、毎日の生活に汲々としていた人たちばかりです。

株式投資や不動産投資など、投資商品は様々なものがありますが、価値が何百倍になったものって本当に少なく、夢が叶えられるほどの利益を手にできるのは、ほんの一握りの人だと思います。しかしひょんなことから仮想通貨の世界を知ったことで、彼らはそうやって大金を手にし、そのお金で、自分のやりたかったことを実現し、豊かな人生を送っています。

彼らは夢を叶えました。しかし一方で、それがために人生が狂ったといえる人もいます。どちらがいいのでしょう?

ホスト狂いとなった彼女は、でもこんなことを言っていました。

「私は好きなことをやりたかった。それができることが叶ったのが嬉しい」

私は、答えはこの言葉に尽きると思っています。やりたいことの方向性の違いなだけで、仮想通貨で夢を叶えようという気持ちは何も変わらない。人生がいいものかそうでないかは、本人にしかわからないし、その結果を他人がとやかく論じることでも無いと思うのです。

でも、やはりできることなら、将来性を見据えて、未来への投資につながるように活用したほうがいいでしょう。

これから現実に大金を手にすることになるあなたへの、提案です。

２０１６年７月

次世代仮想通貨研究会

MEMO

MEMO

【著者紹介】

次世代仮想通貨研究会

仮想通貨が日本に上陸した当時から仮想通貨の研究に携わってきた業界のキーマンたちが集まり設立。各種仮想通貨の技術研究・投資研究や、普及活動などを行っている。

【STAFF】
構成・編集協力　　桑田篤（グラシア）
装丁・デザイン　　グラシア（http://glacia.jp）

これから買う人の仮想通貨入門
― なぜフュージョンコインは注目されるのか ―

2016年9月10日　初版第1刷発行

著者　　次世代仮想通貨研究会

発行人　　山田靖
発行所　　株式会社LUFTメディアコミュニケーション
〒105-0001 東京都港区虎ノ門1-8-11
5825第一ビル5F
TEL：03-5510-7725　FAX：03-5510-7726
http://www.atpub.co.jp
印刷・製本　シナノ書籍印刷株式会社

ISBN978-4-906784-42-4 C2034